Ruth Rendell

WÖLFCHEN

Stories

Deutsch von
Edith Walter

Rowohlt

Die Originalausgabe erschien 1985 unter dem Titel
«The New Girl Friend and Other Stories»
bei Hutchinson & Co., London

Veröffentlicht im
Rowohlt Taschenbuch Verlag GmbH,
Reinbek bei Hamburg, Juli 1996
Die Erzählungen der vorliegenden Ausgabe
wurden dem Band «Die neue Freundin» entnommen
Copyright © 1986 by
Rowohlt Taschenbuch Verlag GmbH,
Reinbek bei Hamburg
«The New Girl Friend and Other Stories»
Copyright © Kingsmarkham Enterprises Ltd., 1985
Alle deutschen Rechte vorbehalten
Umschlaggestaltung Beate Becker / Gabriele Tischler
(Illustration: Marcus Langer)
Satz Sabon (Linotronic 500)
Gesamtherstellung Clausen & Bosse, Leck
Printed in Germany
200-ISBN 3 499 22086 5

Inhalt

WÖLFCHEN

Nach der letzten Vorstellung, als wir uns alle
verbeugt hatten und der letzte Vorhang gefallen war, nahm Rotkäppchen mich an die
Leine, und wir gingen mit dem übrigen En-
semble rüber ins Pub. Niemand hatte sich ab-
geschminkt oder umgezogen, dazu war keine
Zeit, weil *The George* dann schon Sperr-
stunde gehabt hätte. Ich erinnere mich, daß
ich über die Straße sprang und einen Radfah-
rer anknurrte. Im Pub war ich beliebt – das
heißt nur bei einigen. Anderen war ich ein
Dorn im Auge. Das Komische war, daß ich
mich – wäre ich einer von ihnen gewesen –
selbst auch nicht gemocht hätte. Ich hätte
mich ignoriert, hätte mein Glas ausgetrun-
ken und wäre gegangen. Nur ist es wenig
wahrscheinlich, daß ich dann überhaupt im
Pub gewesen wäre. Gewöhnlich machte ich
einen Bogen um solche Lokale. Aber unter
dem Wolfspelz war es ganz anders, alles war

ganz anders, wenn man drinsteckte. Ich stöberte eine Zeitlang herum, manchmal auf allen vieren, obwohl das für uns, die wir an einen aufrechten Gang gewöhnt sind, nicht leicht ist, manchmal trottete ich, die Vorderpranken fest an die Brust gedrückt, auf den Hinterbeinen umher. Ich ging zu den Tischen, an denen Leute saßen, beschnüffelte ihre Chipstüten und steckte die Schnauze hinein. Wenn sie rauchten, knurrte ich und wedelte mit den Vorderpranken, um die Luft zu reinigen. Viele waren nett, streichelten mich, neckten mich oder taten so, als fürchteten sie sich vor meinen roten Lefzen oder den kleinen, tückischen Augen. Eine Dame nahm sogar meinen Kopf und legte ihn auf ihren Schoß.

Auf dem Weg zur Bar, wo ich mir meinen kleinen trockenen Sherry holen wollte, hörte ich Bill Harkness (erster Holzfäller) zu Susan Hayes (Rotkäppchens Mutter) sagen:

«Der alte Colin ist heute abend wirklich aus sich herausgegangen.»

Und Susan, Gott segne sie, antwortete: «Er ist ein echter Schauspieler, nicht wahr?»

Ich gehörte zu den wenigen Mitgliedern unserer Truppe, die Schauspieler aus Berufung waren. Ich glaube, das ist bei Amateurbühnen immer so. Es gibt darunter immer ein oder zwei Schauspieler aus Berufung, die sich ihr Geld auf der Bühne verdienen könnten, wenn der Beruf nicht so überlaufen wäre, und die übrigen machten mit, weil es Spaß machte und gesellschaftliche Kontakte förderte. Hatte ich je ernsthaft in Betracht gezogen, zum Theater zu gehen? Mein Vater war Beamter gewesen, meine beiden Großväter Kolonialbeamte in Indien. Seit ich mich erinnern konnte, schien es beschlossene Sache zu sein, daß ich studieren, mein Examen machen und Beamter werden würde. Es gab für mich nie den geringsten Zweifel. Wenn man eine Mutter hat wie ich, eine unter Millionen, die mehr Freundin als «Elternteil» war, hatte man nie das Gefühl, rebellieren zu müssen. Außerdem unterstützte Mutter meine Theaterambitionen, wo sie nur konnte. So nähte sie mir zum Beispiel das Wolfsgewand, obwohl die Truppe übereingekommen war, die komplizierteren Kostüme für die diesjährige Weihnachtspantomime auszuleihen. Es war zehnmal besser als alles, was wir in einem Kostümfundus zu leihen bekommen hätten. Den Kopf mußten wir kaufen, aber Leib und Gliedmaßen arbeitete sie aus einem langhaarigen grauen Kunstfell, aus dem Damenmäntel genäht werden.

Moira hatte immer gesagt, ich spielte so gern Theater, weil ich mich dann selbst verlieren und für eine Weile jemand anders werden könne. Sie sagte, daß ich mich selbst nicht mag und nach einer Möglichkeit suche, mir selbst zu entkommen. Eine seltsame Art, über den Mann zu sprechen, den man heiraten will. Aber bevor ich mich dem Thema Moira zuwende, ja mit diesem Bericht fortfahre, sollte ich vielleicht erklären, was er für einen Zweck hat. Der Psychiater, der zu diesem Haus gehört oder hier Sprechstunde hält (ich weiß nicht, was richtig ist), ein gewisser Dr. Vernon-Peak, hat mich gebeten, ein paar von meinen Gefühlen und Eindrücken schriftlich festzuhalten. Das, sagte ich, könnte ich nur mit dem Kontext einer Geschichte. Sehr gut, sagte er, er habe nichts dagegen. Wie das Ganze aussehen wird, wenn es fertig ist, weiß ich noch kaum. Wird es ein Geständnis enthalten, das vor Gericht verwendet werden kann? Oder kommt es als Krankengeschichte unter vielen in Dr. Vernon-Peaks Ablage? Mir ist es egal. Ich kann nur die Wahrheit berichten.

Nachdem *The George* geschlossen hatte, schminkten wir uns ab, zogen uns um und machten uns in verschiedenen Richtungen auf den Heimweg. Mutter war noch auf und wartete auf mich. Das war aber nicht ihre Gewohnheit. Wenn ich ihr sagte, ich käme erst spät nach Hause, und sie solle um die übliche Zeit schlafen gehen, dann tat sie das auch. Aber selbstverständlich hatte ich nichts dagegen, nett empfangen zu werden, wenn ich nach Hause kam, ganz besonders nicht nach einem solchen Triumph. Außerdem hatte ich mich darauf gefreut, ihr zu erzählen, wie lustig es im Pub gewesen war.

Unser Haus ist spätviktorianisch mit zwei Fronten, aus grauem Kalkstein erbaut und alles andere als schön, aber gemütlich und solide. Mein Großvater hatte es gekauft, als er 1920 aus Indien zurückkam und sich zur Ruhe setzte. Mutter war damals zehn, sie hat also den größten Teil ihres Lebens in diesem Haus verbracht.

Großvater war ein berühmter Schütze und nahm an großen Jagden teil, bevor man diese Dinge so tief mißbilligte, wie man es – meiner Meinung nach mit Recht – heute tut. Ergebnis war, daß das Haus von Jagdtrophäen fast überquoll. Solange Großvater noch am Leben war, und er wurde sehr alt, blieb uns nichts anderes übrig, als uns mit den Gehörnen und Stoßzähnen abzufinden, die bei uns aus den Wänden zu sprießen schienen, ebenso wie mit dem Schirmständer in Form eines Elefantenfußes und den fauchenden Rachen von Tiger und Bär. Wir mußten es mit Bärenruhe und der Arroganz des Tigers ertragen, wie Mutter, die sehr witzig sein kann, oft sagte. Aber als Großvater sich schließlich zu seinen Ahnen versammelt hatte, nahmen wir ehrfürchtig und ohne ihn auch nur im geringsten zu mißachten, all die Köpfe und Hörner herunter und packten sie in Kisten. Die Pelzdecken ließen wir jedoch hängen. Sie sind heute ein Vermögen wert, und ich hatte immer das Gefühl, daß die Tigerfelle, die in der Halle kreuz und quer auf dem Parkett liegen, der Schneeleopard, der über die Sofalehne drapiert ist, und der Bär, in dessen Pelz man am Feuer die Zehen vergraben kann, dem Haus etwas Luxuriöses geben. Ich weiß noch, daß ich an diesem Abend die Schuhe auszog und die Zehen in den Pelz bohrte.

Mutter hatte die Show natürlich gesehen.

Sie war zur Premiere gekommen und hatte miterlebt, wie ich mich auf das Rotkäppchen stürzte – es war ein so unerwarteter Angriff, daß das gesamte Publikum aufgesprungen war und aufgestöhnt hatte. (In unserer Version verspeist der Wolf das Rotkäppchen nicht. Wir waren alle der Meinung gewesen, daß das Weihnachten kaum das Richtige gewesen wäre.) Mutter wollte mich aber noch einmal in ihrer Kreation bewundern, also zog ich das Wolfsgewand an und paradierte knurrend und heulend vor ihr hin und her. Wieder merkte ich, daß ich, sobald ich in der Wolfshaut steckte, alle Hemmungen verlor. So sprang ich zum Beispiel den Schneeleoparden an und begann ihn anzufletschen. Ich boxte ihm in das große grau-weiße Gesicht und tat so, als beiße ich ihn ins Ohr. Ich lief auf allen vieren zum Bären, kämpfte mit ihm und schlug ihm die Wolfszähne in den Hals.

Wie herzlich Mutter gelacht hat. Sie sagte, ich sei in der ganzen Pantomime der Beste und viel besser als so manches, das man vom Fernsehen her kannte.

Mutter wischte sich die Tränen aus den Augen. «Als ich jung war, gab's ein Lied: ‹Wer hat Angst vorm bösen Wolf bösen

Wolf bösen Wolf ...› Wie ging es weiter? Ich krieg's nicht mehr zusammen. – Du benimmst dich richtig wie ein Wolf. Wenn du das Kostüm wieder mal anziehst, sage ich: ‹Jetzt wirst du wieder der Wolf.›»

Wenn ich das Kostüm wieder mal anzog ... Hatte ich denn die Absicht? Ich hatte noch nicht darüber nachgedacht. Ja, vielleicht wenn ich einmal zu einem Kostümfest ging, eine sehr entfernte Möglichkeit. Aber wie jammerschade, es wegzupacken wie Großvaters Köpfe und Gehörne, nachdem Mutter sich so große Mühe damit gegeben hatte. An diesem Abend hängte ich es in meinen Schrank, und ich weiß noch, wie seltsam ich mich fühlte, als ich es zum zweitenmal auszog, nackter, als ich mir sonst ohne Kleider vorkam, fast als hätte ich mir die Haut abgezogen.

Das Leben ging ohne Höhen und Tiefen weiter. Seit ich keine Proben mehr hatte und keinen Text lernen mußte, kam ich mir irgendwie hohl vor. Weihnachten kam. Traditionsgemäß verbrachten Mutter und ich den ersten Feiertag allein, wir wollten es nicht anders. Aber am zweiten Feiertag kam Moira, und Mutter lud zwei oder drei von unseren

Nachbarn ein. Ich glaube mich zu erinnern, daß irgendwann auch Susan Hayes mit ihrem Mann vorbeikam, um uns «frohe Weihnachten» zu wünschen.

Moira und ich waren seit drei Jahren verlobt. Wir hätten schon früher geheiratet. Daß wir's noch nicht getan hatten lag nicht etwa daran, daß wir es uns nicht leisten konnten. Die Schwierigkeit lag woanders: wir konnten uns nicht einigen, wo wir in Zukunft wohnen wollten. Ich denke aber, ich kann, ohne unfair zu sein, behaupten, daß nur Moira die Schwierige war. Keine Mutter hätte ihre künftige Schwiegertochter mit offeneren Armen aufnehmen können als meine. Sie wollte wirklich und wahrhaftig, daß wir mit ihr in «Simla House» wohnten, sagte, wir müßten es als unser Heim betrachten und sie ganz einfach als unsere Haushälterin. Aber Moira wollte, daß wir uns ein eigenes Haus kauften, und so waren wir an einem toten Punkt angelangt, in eine Sackgasse geraten.

Es war sehr ungeschickt von Moira, daß sie am zweiten Weihnachtsfeiertag, als die anderen gegangen waren, wieder darauf zu sprechen kam. Ihr Bruder (ein Immobilienmakler) hatte ihr von einem Bungalow erzählt, der etwa auf halbem Weg zwischen «Simla House» und dem Haus ihrer Eltern zum Verkauf stand, und es war, was er eine «einmalige Gelegenheit» nannte. Zum Glück, fand *ich*, gelang es Mutter, abzulenken, indem sie uns von dem Bungalow erzählte, in dem sie und ihre Eltern in Indien gewohnt hatten – einem Bungalow mit einer großen Säulenveranda, einem englischen Blumengarten und dem Pipalbaum*. Aber Moira unterbrach sie.

«Wir sprechen über *unsere* Zukunft, nicht über Ihre Vergangenheit. Ich dachte, Colin und ich wollten heiraten.»

Mutter erschrak richtig. «Ja, wollt ihr es denn nicht mehr? Colin hat doch nicht etwa Schluß gemacht?»

«Der Gedanke, daß *ich* Schluß machen könnte, kommt Ihnen wahrscheinlich nie.»

Arme Mutter, darüber mußte sie wirklich lächeln. Sie lächelte, um nicht zu zeigen, wie verletzt sie war. Moira konnte sie sehr leicht aus der Ruhe bringen. Aus irgendeinem Grund machte das Moira wütend.

---

* Indischer Feigenbaum, bemerkenswert durch seine Größe und Langlebigkeit (Ficus religiosa)

«Sie meinen wohl, ich sei zu alt und zu unattraktiv, um das auch nur zu erwägen, nicht wahr?»

«Moira», sagte ich.

Sie beachtete mich nicht. «Es ist Ihnen vielleicht nicht klar», sagte sie, «aber wenn Colin mich heiratet, ist das ein Glücksfall für ihn. Er braucht nämlich mich, um ein Mann zu werden.»

Mutter tätschelte Moiras Knie. «Ich begreife durchaus, daß das eine fast unlösbare Aufgabe für Sie sein könnte», sagte sie unüberlegt. Es mußte ihr herausgeschlüpft sein, bevor ihr klarwurde, was sie da sagte.

Es gab keinen Streit. Mutter hätte sich nie in eine Auseinandersetzung hineinziehen lassen. Aber Moira wurde sehr gereizt und sagte, sie wolle nach Hause gehen. Also mußte ich den Wagen herausholen und sie fahren. Auf dem ganzen Weg zum Haus ihrer Eltern mußte ich mir eine Litanei des Unrechts anhören, das meine Mutter und ich ihr antaten. Als wir uns trennten, war ich niedergeschlagen und nervös. Ich fragte sogar, ob es richtig von mir war, im «reifen Alter» von zweiundvierzig noch an die Ehe zu denken.

Mutter hatte aufgeräumt und war ins Bett

gegangen. Ich verzog mich in mein Schlafzimmer und fing an mich auszuziehen. Als ich den Schrank öffnete, um meine Tweedhose aufzuhängen, entdeckte ich das Wolfskostüm und zog es aus einem Impuls heraus an. Kaum steckte ich im Wolf, wurde ich ruhiger und ja, glücklicher. Ich setzte mich in einen Lehnsessel, fand es nach einer Weile jedoch bequemer, auf dem Boden zu hocken und mich dann hinzulegen und lang auszustrecken. Während ich dalag und mir Bauch und Pranken vom Feuer wärmen ließ, erinnerte ich mich an Geschichten und Legenden über die Affinität zwischen Mensch und Wolf. Romulus und Remus, von einer Wölfin gesäugt, der uralte Mythos des Werwolfs, im Stich gelassene Kinder, die, sogar in unserer modernen Zeit, von Wölfen aufgezogen wurden. All das schien meine Gedanken von der Unstimmigkeit zwischen Moira und Mutter abzulenken, und ich konnte verhältnismäßig unbeschwert ins Bett gehen und gut schlafen.

Vielleicht erscheint es jetzt nicht mehr so merkwürdig und unbegreiflich, daß ich wieder in den Wolfspelz schlüpfte, wenn ich mich niedergeschlagen fühlte. Mutter war nicht zu Hause, daher hatte ich das ganze Haus für mich allein und mußte mich nicht auf mein Zimmer beschränken. Es war vier Uhr und dämmerte schon, aber ich machte kein Licht, sondern streifte im Zwielicht durch das Haus und erblickte manchmal eine schlanke graue Gestalt in einem der vielen großen Spiegel, die Mutter so liebt. Weil das Licht so schwach war und unser Haus mit sperrigen Möbeln und allem möglichen Schnickschnack vollgestopft ist, sah das Spiegelbild, das mir entgegentrat, nicht wie ein verkleideter Mann, sondern wie ein echter Wolf aus, der sich irgendwie in ein viktorianisches Zimmer verirrt hatte. Oder ein Werwolf, der tierische Teil der Persönlichkeit eines Mannes, der sich vom Körper löst und frei umherschweift, die leere menschliche Hülle zurücklassend.

Ich schlich mich an die aus Teakholz geschnitzte Antilope an und verschlang das kleine Wesen, bevor es wußte, wie ihm geschah. Ich nahm meinen Kampf mit dem Bären wieder auf, und wir rauften vor dem Kamin, in eine verzweifelte Umarmung verstrickt. Plötzlich hörte ich, daß Mutter die Hintertür aufsperrte. Die Zeit war schneller verstrichen, als ich geglaubt hatte. Ich flüchtete und konnte mit Hinterpfoten und Schweif gerade noch um die Biegung in der Treppe verschwinden, dann betrat sie auch schon die Halle.

Dr. Vernon-Peak scheint wissen zu wollen, warum ich mit zweiundvierzig Jahren damit anfing, oder vielmehr, warum ich es nicht schon früher getan hatte. Ich wünschte, es wäre mir selber klar. Es gibt natürlich die simple Erklärung, daß ich vorher kein Wolfsfell hatte, aber das ist nicht die ganze Antwort. Wußte ich vielleicht bis dahin nicht, was für Bedürfnisse ich hatte, obwohl ich sie zum Teil durch die Rollen befriedigt hatte, die ich in dramatischen Stücken spielte? Da ist noch etwas anderes. Ich habe ihm erzählt, daß ich mich erinnere, als sehr kleines Kind eine enge Beziehung zu einem großen Tier gehabt zu haben, einem Hund oder einem Pony vielleicht. Obwohl der gewissenhafte Vernon-Peak unsere Familiengeschichte gründlich durchforschte, stieß er nirgends auf einen Beweis dafür, daß wir je ein Tier im Haus hatten. Doch davon ein andermal mehr.

Mag es sein, wie es will, nachdem ich einmal in den Wolf hineingeschlüpft war, hatte ich das Verlangen, es immer häufiger zu tun. Aufrecht auf den Hinterbeinen, zu meiner vollen Höhe aufgereckt, glaube ich, mir nicht übertrieben zu schmeicheln, daß ich ein schönes, feines Tier darstellte. Und nachdem ich das geschrieben hatte, fällt mir ein, daß ich das Wolfskostüm ja noch gar nicht richtig beschrieben, sondern vorausgesetzt habe, daß alle, die diesen Bericht lesen, wahrscheinlich auch das Kostüm zu sehen bekommen. Aber das wird möglicherweise doch nicht der Fall sein. Sie haben es abgelehnt, es mir zu zeigen, und ich frage mich, ob es überhaupt gereinigt wurde, so daß man es wieder vorzeigen kann, oder ob es noch – doch nein, es hat keinen Sinn, auf unappetitliche Einzelheiten einzugehen.

Ich habe schon erwähnt, daß Körper und Gliedmaßen des Kostüms aus einem langhaarigen, pelzähnlichen grauen Wollstoff sind. Es war ein derber Stoff für einen Mantel wohl kaum zu gebrauchen, wie mir schien, aber eben einem Wolfspelz sehr ähnlich. Mutter nähte die Pranken wie Pelzhandschuhe, polsterte und versteifte die Finger jedoch mit Lederhandschuhen, die dann wie

Krallen aussahen. Den Kopf kauften wir in einem Scherzartikel- und Spielwarenladen. Er hatte große, spitze Ohren, kleine gelbe Augen und ein herrliches, halb offenstehendes Maul, rot, gefräßig aussehend und mit einer Doppelreihe weißer Fänge. Der Schlitz, durch den ich atmen konnte, war direkt unterhalb des Unterkiefers, wo der Kopf auf den kräftigen, graubehaarten Hals traf.

Im Frühling fuhr ich manchmal hinaus, parkte den Wagen und schlüpfte in die Wolfshaut. Ich wollte jedoch nicht gesehen werden. Ich suchte die Einsamkeit. Ob ich einen «tierischen» Begleiter um mich geduldet hätte, ist eine andere Frage. Damals wollte ich nur in meiner wölfischen Gestalt Wälder, Koppeln und Heckenwege durchstreifen. Und das tat ich auch, suchte mir Gegenden aus, in die nie jemand kam, mied alle Orte, an denen ich mit der menschlichen Rasse in Kontakt kommen konnte. Während ich das schreibe, versuche ich zu erklären, wie ich mich fühlte. Vor allem fühlte ich mich *nicht wie ein Mensch*. Und sich nicht wie ein Mensch zu fühlen, heißt, von der Verantwortung und den Sorgen frei zu sein, die dem Menschen aufgebürdet sind. Sobald ich in den Wolf hineingeschlüpft war, legte ich mit meiner Menschlichkeit meine Angst vor der Ehe ab, meine Angst davor, nicht zu heiraten, meine Angst, Mutter zu verlassen, meinen berechtigten Zorn darüber, daß ich in unserem neuen Stück nicht die Hauptrolle spielte. All das ließ ich mit der leeren Hülle des schlafenden Mannes zurück und verwandelte mich in eine glückliche, gedankenlose, wilde Kreatur.

Unsere Hochzeit war wieder verschoben worden. Der Kauf des Hauses, für das Moira und ich uns schließlich entschieden hatten, zerschlug sich im letzten Moment. Ich kann nicht behaupten, daß ich das sehr bedauerte. Es war ganz in der Nähe meines Heims, ja, sogar in derselben Straße wie «Simla House», aber ich hatte angefangen mich zu fragen, wie es sein würde, tagtäglich an unserem lieben alten Haus vorüberzugehen und zu wissen, daß ich den Kopf nicht unter seinem vertrauten Dach zur Ruhe legen würde.

Moira regte sich sehr darüber auf, daß wir das andere Haus nicht bekamen.

Aber: «Ich würde mit deiner Mutter nicht einmal drei Monate im selben Haus wohnen», hatte sie auf meinen Vorschlag erwi-

dert. «Das wäre ein gewissermaßen vorpro-
grammiertes Desaster.»

«Mutter und Vati haben zwanzig Jahre
lang mit Mutters Eltern unter einem Dach gewohnt», sagte ich.

«Ja, und schau dir das Ergebnis an.» Damals machte sie auch die Bemerkung, daß es
mir so großen Spaß mache, Rollen zu spielen,
weil ich mich selbst nicht so mag, wie ich bin.

Es gab nichts mehr zu sagen, nur, daß wir
wieder damit anfangen mußten, ein Haus zu
suchen.

«Aber wir können trotzdem nach Malta
fahren, oder?» sagte Moira. «Wir müssen
die Reise doch nicht absagen?»

Wir konnten natürlich reisen, aber eine
Hochzeitsreise würde es nicht sein. Ich hatte
die ehelichen Freuden bisher nicht ungedul-
dig herbeigesehnt und hatte nicht die Absicht, es je zu tun. Und ich war auf der Hut,
als Moira — Mutter war bei ihrem
Bridgeabend — darauf bestand, mit mir in
mein Schlafzimmer zu gehen, angeblich, weil
sie unbedingt sehen mußte, welchen Farbton
der Anzug hatte, den ich mir für die Hochzeit
gekauft hatte. Sie sagte, sie wolle mir eine
Krawatte dazu schenken. Kaum waren wir

oben, legte sie sich auf mein Bett und wollte mich schmeichelnd überreden, mich zu ihr zu setzen.

Ich schlüpfte, glaube ich, nur deshalb in die Wolfshaut, weil ich so niedergeschlagen war. Ich zog mein Jackett aus, nicht mehr natürlich, denn Moira war ja da, streifte die Wolfshaut über, zog den Reißverschluß zu und setzte den Kopf auf. Sie beobachtete mich. Sie hatte mich schon darin gesehen, in der Pantomime.

«Warum hast du das angezogen?»

Ich sagte nichts. Was hätte ich auch sagen können? Tiefe Zufriedenheit erfüllte mich, wie sonst auch, und ich gehorchte Moiras Befehl, zu ihr aufs Bett zu springen. Es schien mir ganz natürlich, sie schwanzwedelnd zu umschmeicheln, meine spitzen Ohren an ihrer Brust zu reiben, ihre Hände mit meinen Pranken zu umfassen. Alle möglichen Phantasien zogen durch mein wölfisches Gemüt, und sie waren von einer unglaublichen, mich bis in die letzte Faser durchdringenden Süße. Wenn wir da schon auf Urlaub gewesen wären, hätten mich, glaube ich, keine moralischen Bedenken zurückgehalten.

Doch anders als die Dame im *The George*

nahm Moira nicht meinen Kopf und legte ihn in ihren Schoß. Sie sprang auf und schrie mich an, ich solle mit diesem Unsinn aufhören, sofort aufhören, sie finde ihn abscheulich. Ich tat, was sie mir sagte, natürlich tat ich es, stieg traurig aus dem Kostüm und hängte es in den Schrank zurück. Ich fuhr Moira nach Hause. Unterwegs hielten wir uns kurz bei ihrem Bruder auf und sahen uns die Häuser an, die er neu im Angebot hatte.

Nachdem wir einen weiteren Monat gesucht, überlegt und uns Bedenkzeit erbeten hatten, entschieden wir uns schließlich für eins dieser Häuser und setzten die Hochzeit für Mitte Dezember fest. Im Sommer hatte unser Theaterverein *Das fröhliche Gespenst* aufgeführt (in dem ich die magere Rolle des Dr. Bradman spielte. Bill Harkness gab den Charles Condomine), und für die diesjährige Pantomime hatten sie Aschenputtel ausgesucht, mit Susan Hayes in der Titelrolle; ich spielte den Vater der bösen Schwestern. Ich hatte mir ausgerechnet, daß ich gerade noch rechtzeitig von der Hochzeitsreise zurückkommen würde.

Und zweifellos wäre ich rechtzeitig zurückgekommen. Zweifellos hätte ich geheiratet, wäre auf Hochzeitsreise gegangen und wäre wiedergekommen, um meine komische Rolle zu spielen – wenn ich nur nicht an Moiras Geburtstag mit ihr einkaufen gegangen wäre. Was an diesem Tag geschah, änderte alles.

Es war ein Donnerstagabend. Die Läden im Westend haben am Donnerstag immer länger offen. Um fünf verließen wir unsere Büros, trafen uns am verabredeten Ort und gingen zusammen die Bond Street hinauf. Ich hatte ganz bestimmt nicht vor, mich wieder mit ihr zu zanken, obwohl wir in letzter Zeit kaum etwas anderes taten. Es begann damit, daß ich unsere Hochzeitsreise erwähnte. Da unser Haus vor Mitte Januar nicht fertig sein würde, schlug ich vor, die zwei Wochen von Ende Dezember bis zum Einzug in «Simla House» zu bleiben. Weihnachten würden wir ohnehin dort verbringen.

«Ich dachte, wir hätten beschlossen, in ein Hotel zu gehen», sagte Moira.

«Glaubst du nicht, daß das hinausgeworfenes Geld ist?»

«Ich denke», sagte sie mit grimmigem Unterton, «daß wir nicht wagen dürfen, dieses

27

Geld *nicht* auszugeben.» Sie entzog mir ihren Arm.

Ich fragte sie, was sie, um Himmels willen, damit meine?

«Wenn du erst wieder bei deiner Mami bist, ziehst du nie aus.»

Ich strafte diese Bemerkung mit der Verachtung, die sie verdiente, und antwortete nicht. Schweigend gingen wir nebeneinander her. Dann begann Moira leise und monoton zu sprechen, benutzte Ausdrücke aus der Taschenbuch-Psychologie für jedermann, die ich glücklicherweise von Dr. Vernon-Peak nie zu hören bekommen habe. Wir überquerten die Straße und gingen zu Selfridge. Moira hatte es noch immer mit dem Ödipuskomplex und dem Unsinn, daß sie einen Mann aus mir machen wolle.

«Sprich leise», sagte ich. «Man hört dich ja meilenweit.»

Sie schrie mich an, ich solle den Mund halten, sie werde sagen, was sie wolle. Nun, sie hatte mir wiederholt gesagt, ich solle mich durchsetzen, solle mich wie ein Mann benehmen, also tat ich genau das. Ich ging zum nächsten Verkaufstisch, schrieb einen Scheck über eine, wie ich zugeben muß, viel höhere

Summe aus, als ich ursprünglich beabsichtigt hatte, drückte ihn ihr in die Hand, ließ sie stehen und ging einfach weg.

Eine Zeitlang war ich recht zufrieden mit mir, doch auf der Heimfahrt im Zug überkam mich Niedergeschlagenheit. Ich hätte gern mit Mutter darüber gesprochen, aber sie würde nicht zu Hause sein, sie spielte Bridge. Daher mußte ich mich an meinen anderen Trost halten, an meine Wolfshaut. Das Telefon klingelte ein paarmal, während ich durch die Zimmer tollte, aber ich ging nicht an den Apparat. Ich wußte, es war Moira. Als ich, Großvaters ausgestopften Adler in den Pranken, auf dem Boden lag und ihm eben die Fänge in den Hals geschlagen hatte, kam Mutter herein.

Der Bridgeabend hatte abgebrochen werden müssen. Eine der Damen war erkrankt und ins Krankenhaus gebracht worden. Ich war viel zu vertieft gewesen, um zu merken, daß das Licht anging, und auch die Tür hatte ich nicht gehört. Mutter stand in ihrem alten Pelzmantel vor mir und schaute auf mich herunter. Ich ließ den Adler fallen und zog den Kopf ein, am liebsten wäre ich auf der Stelle gestorben, so sehr schämte ich mich, so verlegen war ich. Wie wenig habe ich meine Mutter in Wahrheit gekannt! Meine liebe, treue Gefährtin, meine einzige Freundin. Kann ich nicht sogar sagen, mein zweites Ich?

Sie lächelte. Ich konnte es kaum glauben, aber sie lächelte tatsächlich. Es war dieses nur ihr eigene, wundervolle, durchtriebene Verschwörerlächeln. «Hallo», sagte sie, «bist du oder spielst du den großen Wolf?»

Im nächsten Moment kniete sie, in ihren Pelzmantel gehüllt, neben mir, und gemeinsam zerrten wir an dem Adler, kämpften mit dem Bären, fielen über die Antilope her. Zusammen liefen wir in die Halle und griffen die schlafenden Tiger an. Mutter lachte unaufhörlich (knurrte aber auch) und sagte, was für eine Erleichterung, was für eine Erleichterung! Ich glaube, wir umarmten uns. Als ich am nächsten Tag nach Hause kam, wartete sie schon auf mich, verändert und bereit. Sie hatte sich aus dem Fell des Schneeleoparden und einem weißen Pelzmaterial ein Tierkostüm geschneidert. Sie mußte den ganzen Tag daran gearbeitet haben. Durch den Schlitz an der Kehle sah ich ihre Augen funkeln.

«Du weißt nicht, wie lange ich mich schon danach gesehnt habe, wieder ein Tier zu sein», sagte sie. «Als du ein Baby warst, schlüpfte ich in verschiedene Tiergestalten. Ich war lange Zeit ein Hund und dann ein Bär, aber dein Vater kam dahinter, und er hatte etwas dagegen. Ich mußte es aufgeben.»

Daran hatte ich mich also unklar erinnert. Ich sagte, sie sehe wie die Königin der wilden Tiere aus.

«Wirklich, Wölfchen?» sagte sie.

Wir verbrachten ein herrliches Wochenende, Mutter und ich. An diesem Morgen frühstückten wir als Wolf und Leopard zusammen. Dann spielten wir. Wir spielten im ganzen Haus, manchmal kämpften und manchmal tanzten wir miteinander, wir jagten natürlich und schleppten unsere Beute in die Lager, die wir uns zwischen den Möbeln eingerichtet hatten. Wir fuhren mit dem Wagen weg, aufs Land hinaus und in einen Wald, zogen dort unsere Felle an und streiften stundenlang frei zwischen den Bäumen umher.

In diesen zwei Tagen gab es für uns keinen Grund, uns wieder in Menschen zu verwandeln, aber am Dienstag hatte ich Theaterprobe, und am Montagmorgen mußte ich zur Arbeit. Unsere Rückkehr auf die Erde, zu dem, was wir Realität nennen, vollzog sich sehr unsanft, wirkte wie ein böser Schlag auf mich. Sie hatte jedoch auch ihre amüsanten Seiten. Im Zug trat mir eine Dame auf den Fuß, und ich hatte sie angeknurrt, bevor ich merkte, was ich eigentlich tat. Hastig machte ich aus dem Knurren ein Husten.

Während des ganzen Wochenendes hatten wir uns nicht die Mühe gemacht, ans Telefon zu gehen. Aber im Büro blieb mir nichts anderes übrig, und dort erwischte mich Moira. Die Heirat war mir so weit entrückt, kam mir grotesk vor, war etwas, was andere taten, nicht ich. Tiere heiraten nicht. Aber das konnte ich Moira natürlich nicht sagen. Ich versprach, sie anzurufen, und sagte, wir müßten uns noch diese Woche sehen.

Ich nehme an, sie hatte mir gesagt, daß sie am Donnerstagabend zu mir kommen wolle, um mir zu zeigen, was sie sich für das Geburtstagsgeld gekauft hatte. Sie wußte, daß Mutter donnerstags nie zu Hause war. Ich vermute, Moira hat es mir gesagt, und ich habe es überhört. Mir war nichts mehr wichtig, ich wollte nur noch Tier sein, zusammen mit meiner Mutter, Wölfchen und die Königin der wilden Tiere.

Sobald ich am Abend nach Hause kam,

machten wir uns für unsere Spiele fertig, jeden Tag. Wie harmlos das alles war! Wie unschuldsvoll! Wir glichen den sanften Kreaturen aus jener Frühzeit der Welt, in der es Menschen noch nicht gab. Wir lebten wie im Garten Eden, nachdem Adam und Eva daraus vertrieben worden waren.

Die Dame, die am letzten Bridgeabend erkrankt war, war inzwischen gestorben, und der Abend wurde abgesagt. Aber wäre Mutter überhaupt weggegangen? Wahrscheinlich nicht. Unsere tierischen Kapriolen bedeuteten ihr genausoviel wie mir, vielleicht sogar noch mehr, weil sie sich sie so lange selbst versagt hatte. Wir saßen bei Tisch und aßen zu Abend. Mutter hatte das vordere Rippenstück vom Lamm gekocht, damit wir hinterher an den Knochen nagen konnten. Wir sind natürlich nie dazugekommen, es zu essen, und ich habe seither schon ein paarmal überlegt, was daraus geworden sein mag. Aber wir fingen mit der Suppe an. Das Brot lag auf dem Schneidebrett auf meiner Seite des Tischs. Daneben das lange, scharfe Messer.

Wenn Moira wußte, daß ich allein war, kam sie durch die Hintertür herein, für die sie den Schlüssel hatte. Wir hörten sie nicht, hörten sie beide nicht, obwohl ich mich erinnere, daß Mutter einen Sekundenbruchteil, bevor Moira hereinkam, zähnefletschend und die Ohren spitzend, den edlen Kopf hob. Moira öffnete die Eßzimmertür und trat ein. Ich sehe sie noch deutlich vor mir – sehe, wie ihr selbstgefälliges Lächeln erlischt und der Schrei sich ihr auf die Lippen drängt. Sie trug – wie ich annehme – mein Geburtstagsgeschenk, einen knöchellangen, weißen Schaffellmantel.

Und dann? Das ist es wohl, was Dr. Vernon-Peak ganz genau wissen möchte, aber ich habe keine klare Erinnerung daran. Ich erinnere mich, daß ich, als die Tür aufging, das Brotmesser in der Pranke hielt. Ich glaube, mich erinnern zu können, daß ich ein leises Knurren ausstieß und zum Sprung ansetzte. Aber was passierte dann?

Das letzte, woran ich mich erinnere, bevor man mich hierher brachte, ist das Blut auf meinem Pelz und die beiden wilden, raubgierigen Kreaturen, die auf dem Boden über einem toten Lamm kauern.

BESTECHUNG UND
KORRUPTION

In London weiß jeder, der oft und gern zum
Essen ausgeht, daß *Potters* in der Marylebone High Street eines der kostspieligsten
Restaurants ist. Nicholas Hawthorne, der
gewöhnlich seine Mahlzeiten in seinem möblierten Zimmer oder in einem Steakhouse
einnahm, ließ sich durch den bescheiden
klingenden Namen täuschen. Als Annabel
sagte: «Gehen wir zu *Potters*», war er sofort
einverstanden.

Er führte sie zum erstenmal aus. Sie war
ein kleines, hübsches Mädchen, für das
eigentlich nicht viel sprach. Ein schmales
Gesichtchen, riesige, sprechende Augen –
ein Fledermausgesicht, dachte Nicholas. Sie
schlug vor, ein Taxi zu nehmen, «weil *Potters* so schwer zu finden ist.» Als Nicholas
das große Gebäude direkt in der Mitte der
Marylebone High Street sah, stellte er bei

sich fest, daß es zu Fuß nicht schwerer zu finden gewesen wäre als mit dem Taxi, aber er sagte nichts.

Schon fing er sich zu fragen an, was das Essen wohl kosten werde. *Potters* war ein vornehmes und imposantes Restaurant. Die Fenster waren aus dem klaren, aber leicht fehlerhaften Glas, das auf ein hohes Alter schließen läßt, und das dunkelrote Holz der Tür sah aus, als sei es während der vergangenen fünfzig Jahre jeden Tag auf Hochglanz poliert worden. Weil die Vorhänge zugezogen waren und man von draußen nicht in das Lokal hineinsehen konnte, hatte man den Eindruck, sich einem Privathaus zu nähern, dem Stadthaus eines reichen Mannes vielleicht.

Gleich hinter der Tür lag die Bar. In den schwarzen Ledersesseln saßen lässig drei Paare. Ein Ober nahm Annabel den Mantel ab und führte sie zu einem Tisch im Restaurant. Obwohl noch jung, war Nicholas sehr scharfsinnig. Er hatte erwartet, das Lokal werde Annabel genauso einschüchtern wie ihn, der voller Hemmungen war, doch sie überließ dem Ober ihren Mantel ganz ohne Scheu. Und als die Ober mit Speise- und

Weinkarte kamen, erklärte sie unverfroren, sie fange mit einem Pernod an.

Was würde das alles nur kosten? Unglücklich studierte Nicholas die Preise und war dankbar, daß er seine erst kürzlich erworbene Kreditkarte bei sich hatte. Leb jetzt, zahle später – aber, o Gott, zahlen mußte er trotzdem.

Als Vorspeise wählte Annabel Spargel und als zweiten Gang gebratenes Waldhuhn. Das Waldhuhn war das teuerste, das die Speisekarte zu bieten hatte. Nicholas begnügte sich mit Gemüsesuppe und einem Schweinekotelett. Er fragte Annabel, ob sie lieber Weißwein oder Rotwein trinke, und sie antwortete, eine Flasche sei ohnehin nicht genug, warum also nicht von jeder Sorte eine bestellen?

Während sie aßen, sprach sie kein Wort. Er erinnerte sich, einmal ein Gedicht gelesen zu haben, in dem ein Dichter über einen Schulmeister bewundernd sagte, er begreife nicht, wie man in einen einzigen kleinen Kopf so viel Wissen speichern könne. Nicholas fragte sich, wie ein einziger kleiner Körper mit alldem fertig wurde, was Annabel aß. Zu ihrem Waldhuhn nahm sie Bratkartoffeln,

Rotkraut, grüne Bohnen, und als sie hörte, daß der Ober den Leuten am Nebentisch geschmorte Artischocken empfahl, sagte sie, sie wolle auch ein paar. Er betete im stillen darum, daß sie nicht noch einen Gang wollte. Aber dieser katzbuckelnde, schmeichlerische Ober mußte natürlich mit dem Servierwagen daherkommen, auf dem die Desserts ausgestellt waren.

«Wir haben frische Erdbeeren, Madam.»

«Im November?» sagte Annabel, endlich ihr Schweigen brechend. «Das ist ja phantastisch!»

Natürlich wollte sie Erdbeeren haben. Während er den allerletzten Rest seines Weins trank, sah Nicholas zu, wie sie Erdbeeren mit Schlagsahne verzehrte und sich dann noch ein Stück Schokoladenbisquit aussuchte. Nicholas bestellte Kaffee. Wünschten Sir und Madame vielleicht noch ein kleines Likörchen? Nicholas schüttelte heftig den Kopf. Annabel sagte, sie trinke einen grünen Chartreuse. Nicholas wußte, daß das die Krone aller Liköre war – und selbstverständlich der allerteuerste.

Inzwischen jagte der Gedanke an die Rechnung ihm so große Angst ein, und gleichzeitig widerte Annabels hemmungslose Trinkerei ihn so an, daß er sich unbedingt ein paar Minuten von ihr absetzen mußte. Es war klar, daß sie nur mit ihm ausgegangen war, um sich vollzustopfen und bis zur Bewußtlosigkeit zu betrinken. Er entschuldigte sich, stand auf und entfernte sich in Richtung der Herrentoilette.

Um sie zu erreichen, mußte er an einem Ende der Bar vorbeigehen. Sie war noch immer halb leer, aber während der vergangenen Stunde – es war jetzt neun Uhr – war noch ein Paar hereingekommen und hatte an einem Tisch in der Mitte Platz genommen. Ein Mann im mittleren Alter mit dichten silbergrauen Haaren und einem straffen, leicht gebräunten Gesicht. Den rechten Arm hatte er seiner Begleiterin, einem sehr jungen, sehr hübschen blonden Mädchen, um die Schultern gelegt und flüsterte ihr etwas ins Ohr. Nicholas erkannte ihn sofort. Es war der Präsident der Firma, bei der Nicholas' Vater bis vor zwei Jahren Verkaufsdirektor gewesen war. Dann hatte man ihn unter einem lächerlichen Vorwand entlassen. Die Firma hieß Sorensen-McGill, und der Silberhaarige war Julian Sorensen.

Nicholas haßte ihn mit der ganzen Leidenschaft eines jungen Menschen, der bedingungslos zum Vater hielt, den er liebte. Doch Nicholas war auch noch sehr jung und brachte es nicht fertig, Sorensen zu schneiden. Er murmelte steif «guten Abend» und stürmte in die Herrentoilette, wo er seine Taschen ausleerte, die Banknoten in seiner Brieftasche zählte und versuchte zu überschlagen, wieviel er der Kreditkartengesellschaft bereits schuldete. Wenn nötig, mußte er seinen Vater anpumpen, obwohl ihm das furchtbar gegen den Strich ginge, weil er wußte, daß sein Vater, seit dieses Biest Sorensen ihn gefeuert hatte, von einem viel geringeren Einkommen leben mußte als früher. Seinen Vater anpumpen, vielleicht – wenn möglich – die Miete einen Monat schuldigbleiben, weniger rauchen oder das Rauchen sogar ganz aufgeben ...

Ihm war beinahe übel, als er aus der Toilette herauskam. Sorensen und das Mädchen saßen jetzt nicht mehr so eng beieinander. Sie sahen ihn nicht an, und Nicholas schaute ebenfalls auf die andere Seite. Annabel trank ihren zweiten grünen Chartreuse und schaufelte *petit fours* in sich hinein. Er hatte ihr Gesichtchen mit dem einer Fledermaus verglichen, doch jetzt fiel ihm ein, daß zur Gattung der Fledermäuse auch die Vampire gehörten. Sie verschlang eben eine Marzipanorange und sah dabei wie ein raubgieriger kleiner Vampir aus. Und sie war sehr betrunken.

«Ich bin furchtbar schläfrig, und mir ist so komisch», sagte sie. «Vielleicht habe ich irgendeinen Virus erwischt. Laß dir die Rechnung bringen, ja?»

Nicholas mußte lange warten, bis der Ober einmal zu ihm hersah. Und als er Nicholas' Blick endlich aufgefangen hatte, rückte er mit der Kaffeekanne an. Aber Nicholas bewies Entschlossenheit, worüber er selbst am meisten überrascht war.

«Die Rechnung, bitte», sagte er im Ton eines Menschen, der einem Mächtigeren zurief daß er, ein dem Tode Geweihter, ihn begrüße – *morituri te salutant.*

Der Ober kam schon nach einer halben Minute wieder. Ob Nicholas wohl so freundlich wäre, ihn zu begleiten? fragte er. Der Maître d'Hôtel wünsche ihn zu sprechen. Nicholas nickte beklommen. Was war passiert? Was hatte er angestellt? Annabel war auf ihrem Stuhl zusammengesackt, ihr Kopf hing nach hinten, ihre Augen waren halb geschlossen, und aus ihrem Mund tröpfelte ein orangefarbenes Rinnsal. Man würde ihm nahelegen, sie aus dem Restaurant zu entfernen, weil sie sich unmöglich benommen habe. Und bestimmt bekam er Hausverbot. Mit geballten Händen ging er hinter dem Ober her.

Der Maître d'Hôtel war ein riesiger Mann mit der Nase und dem prachtvollen Habitus eines Königspinguins. «Ihre Rechnung ist bereits beglichen, Sir.»

Nicholas starrte ihn verständnislos an. «Wie meinen Sie das, Sir?»

«Ihr Vater hat das erledigt, Sir. Mir wurde aufgetragen, Ihnen zu sagen, Ihr Vater habe Ihre Rechnung bezahlt.»

Nicholas war ungeheuer erleichtert. Er schien wieder zu wachsen, fühlte sich unbeschwert und frei. Es war, als habe ihm jemand – wieviel mochte es gewesen sein? Sechzig – siebzig Pfund? – geschenkt. Und er begriff sofort. Sorensen hatte die Rechnung bezahlt und sich als sein Vater ausgegeben. Es war eine kleine Entschädigung für das, was Sorensen seinem Vater angetan hatte, als

er ihn entließ. Er hatte sechzig Pfund locker-
gemacht, um zu zeigen, daß er es gut meinte,
um zu zeigen, daß er seine Ungerechtigkeit
auf bescheidene Weise wiedergutmachen
wollte.

Sehr aufrecht, frei und selbstsicher sagte
Nicholas: «Rufen Sie mir bitte ein Taxi.»
Dann ging er und schüttelte auf höchst vor-
nehme Art Annabel wach.

Seine Euphorie hielt fast noch eine Stunde
an, nachdem er die schlaftrunkene Annabel
durch ihre Wohnungstür geschoben hatte,
die Treppe zu dem möblierten Zimmer hin-
aufgestiegen war, in dem er zur Miete
wohnte, und es sich mit einem Kreuzworträtsel aus der Zeitung gemütlich machte. Alles
wäre ganz anders gekommen, hätte er dieses
Kreuzworträtsel nicht angefangen. Zwölf
waagrecht: moralischer Verfall mit zehn
Buchstaben. Der dritte Buchstabe «R» und
der neunte Buchstabe «O» hatten sich schon
ergeben. Nicholas fand die Lösung schon
nach ein paar Sekunden. Sie lautete «Korruption». Einundzwanzig senkrecht: «hängt
gewöhnlich mit zwölf waagrecht zusammen», hieß es da. Der Begriff hatte ebenfalls
zehn Buchstaben, und der neunte war das

«N» aus Korruption. Auch er war nicht schwer zu erraten. Er lautete «Bestechung».

Nicholas legte die Zeitung aus der Hand und starrte auf die gegenüberliegende Wand. Bestechung hing mit Korruption zusammen. Wie hatte er nur ein solcher Idiot sein können, ein so naiver und argloser Idiot! Wie hatte er nur annehmen können, ein Mann wie Sorensen mache sich Gedanken über Ungerechtigkeit, denke je an eine ungerechte Entlassung oder glaube auch nur einen Moment, er könne Unrecht getan haben? Selbstverständlich hatte er auch nicht versucht, an Nicholas etwas gutzumachen, und ebensowenig hatte er die Rechnung bezahlt, weil er ein anständiger Mensch war und bereute, was er Nicholas' Vater angetan hatte. Es war ein Bestechungsversuch gewesen.

Er hatte Nicholas bestechen wollen, damit er den Mund hielt, weil niemand erfahren sollte, daß er mit einem jungen Mädchen in einer Bar gewesen war, daß er ein junges Mädchen umarmt hatte, das nicht seine Frau war. Es war reinste Bestechung, die Art von Bestechung, die korrupt machte.

Vor ungefähr drei Jahren war Nicholas einmal mit seinen Eltern bei einer Party gewesen, die Sorensen für seine Angestellten gegeben hatte, und bei der Mrs. Sorensen als Gastgeberin fungiert hatte. Eine kleine, unscheinbare, braunhaarige Frau in Nicholas' Augen. Sorensen hatte die Rechnung bezahlt, weil seine Frau nicht erfahren sollte, daß er eine Freundin hatte, die jung genug war, seine Tochter zu sein.

Er hat mich gekauft, dachte Nicholas, hat mich bestochen und korrumpiert – oder hat es zumindest versucht. Doch es sollte ihm nicht gelingen. Er brauchte sich nicht einzubilden, er könne die Familie Hawthorne auch jetzt noch nach seinem Belieben herumstoßen. Er hatte es einmal getan, und das hatte genügt.

Es war ein angenehmer Gedanke gewesen, daß er nicht mehr als die Hälfte seines Wochenlohns an dieses gräßliche Mädchen verschwenden mußte, aber seine Ehre war ihm wichtiger. Ehre bedeutete schließlich nichts anderes, als materielle Dinge einem Prinzip zu opfern. Nicholas hatte eine schlechte Nacht, denn er wurde häufig wach und dachte an die materiellen Dinge, die er sich während der nächsten Wochen verkneifen mußte, um seiner Ehre Genüge zu tun.

Dennoch war am nächsten Morgen sein Entschluß gefaßt. Mit einem Griff in die Tasche überzeugte er sich, daß er sein Scheckbuch eingesteckt hatte, dann ging er zur Arbeit.

Ein paar Stunden vergingen, ehe er den Mut aufbrachte, bei Sorensen-McGill anzurufen. Was sollte er tun, wenn Sorensen sich weigerte, ihn zu empfangen? Hätte er nur ein mit fünfhundert Pfund gut gepolstertes Bankkonto gehabt, hätte er Sorensen mit großer Geste einen Blankoscheck mit einem kurzen, verächtlichen Begleitschreiben schicken können.

Die Telefonistin, die schon zu Zeiten seines Vaters in der Firma gewesen war, meldete sich auch jetzt.

«Sorensen-McGill. Was kann ich für Sie tun?»

Mit vor Erregung heiserer Stimme fragte Nicholas, ob er noch heute in einer dringenden Angelegenheit einen Termin bei Mr. Sorensen bekommen könne. Er wurde zu Sorensens Sekretärin weiterverbunden. Es gab eine Verzögerung. Klingeln schrillten und Schalter klickten. Das Mädchen meldete sich wieder, und Nicholas war überzeugt, es werde ihm eine abschlägige Antwort geben.

«Mr. Sorensen läßt fragen, ob Ihnen ein Uhr paßt?»

In der Mittagspause? Selbstverständlich paßte es ihm da. Aber was, in aller Welt, konnte Sorensen bewogen haben, seinetwegen auf den Lunch zu verzichten, der zu Lasten seines fetten Spesenkontos ging? Nicholas brach zum Berkeley Square auf und rätselte unterwegs daran herum, wieso der Mann so entgegenkommend war. Eine schwache, hoffnungsvolle innere Stimme begann ihm wieder die Argumente vorzuhalten, die im Lauf des Abends von seinem gesunden Menschenverstand so unbarmherzig zerpflückt worden waren.

Vielleicht hatte Sorensen es wirklich gut gemeint, vielleicht würde er Nicholas erklären, er habe die Rechnung nicht bezahlt, um ihn zu bestechen, sondern um dem Sohn eines hochgeschätzten früheren Angestellten ein kleines Geschenk zu machen. Das hübsche Mädchen war vielleicht Sorensens Tochter gewesen. Nicholas wußte nicht, ob der Mann Kinder hatte. Es war durchaus möglich, daß er eine Tochter hatte. Dann wäre es keine Korruption, kein Verrat an seiner Ehre, er müßte das Rauchen nicht aufgeben und bei seinem Hauswirt nicht um gut Wetter bitten.

Man kannte ihn bei Sorensen-McGill. Er war mit seinem Vater dagewesen, und außerdem war er seinem Vater wie aus dem Gesicht geschnitten. Das hübsche blonde Mädchen hatte Sorensen überhaupt nicht ähnlich gesehen. Eine Sekretärin führte Nicholas ins Büro des Firmenchefs. Sorensen saß in einem gelben Ledersessel hinter einem Rosenholzschreibtisch mit einer Platte aus intarsiertem gelbem Leder. Die Wand hinter ihm bedeckte ein Wandgemälde im Stil von Modigliani, und auf dem Schreibtisch stand ein übervoller Aschenbecher aus dunkelgrüner Jade. Die Sekretärin nahm ihn weg und ersetzte ihn durch einen sauberen aus hellgrüner Jade.

«Hallo, Nicholas», sagte Sorensen, ohne zu lächeln. «Setzen Sie sich.»

Die einzige andere Sitzgelegenheit war eines jener niedrigen High-Tech-Gebilde aus Leder, das an einem Metallrahmen aufgehängt war. Neben diesem Sessel stand ein niedriger Kaffeetisch aus schwarzem Glas mit schwarzen ledergepolsterten Kanten, und auf dem Tischchen lag ein in der Mitte

aufgeschlagenes Magazin, auf dessen Falt-
blatt ein nacktes Mädchen zu sehen war. Es
gibt Menschen, die es verstehen, anderen die
Befangenheit zu nehmen, und solche, die wissen, wie man andere in Schwierigkeiten
bringt. Nicholas setzte sich, und er saß tief,
sehr tief, etwa sieben Zentimeter über dem
Boden.

Sorensen zündete sich eine Zigarette an,
ohne Nicholas eine anzubieten. Er sah Nicholas an und bewegte ganz langsam den
Kopf von einer Seite auf die andere.

«Darauf hätte ich eigentlich gefaßt sein
müssen», sagte er schließlich.

Nicholas öffnete den Mund, um etwas zu
sagen, aber Sorensen hob die Hand. «Nein,
zuerst hören Sie mir zu, dann können Sie reden.» Sein Ton wurde hart und schroff. «Das
Mädchen, mit dem Sie mich gestern abend
gesehen haben, war eine ... Um es nicht ganz
so unverblümt zu sagen – ich habe sie in einer
Bar aufgelesen. Ich habe sie vorher nie gesehen, und ich werde sie nie wiedersehen. Sie
ist in keinem Sinn des Wortes meine Freundin oder Geliebte. Warten Sie», warf er ein,
als Nicholas ihn unterbrechen wollte. «Lassen Sie mich zu Ende sprechen. Meine Frau ist

nicht gesund. Sollte ihr je zu Ohren kommen, wo und mit wem ich gestern abend zusammen war, wäre sie zweifellos sehr unglücklich. Wahrscheinlich würde sie wieder krank. Wobei ich selbstverständlich von einer seelischen, nicht von einer körperlichen Krankheit rede, aber ...»

Er zog ausgiebig an seiner Zigarette. «Trotz allem aber, und was auch die Konsequenzen sein mögen – ich lasse mich um keinen Preis erpressen. Ist das klar? Ich habe gestern abend Ihr Essen bezahlt, und das ist genug. Ich möchte nicht, daß meine Frau erfährt, was Sie gesehen haben, aber Sie dürfen es ihr ruhig sagen, Sie dürfen es in alle Welt schreien, von mir bekommen sie keinen Penny mehr.»

Bei dem Wort «erpressen» hatte Nicholas' Herz zu hämmern begonnen. Das Blut schoß ihm ins Gesicht. Er war gekommen, um seine Ehre zu schützen, und man hatte sein Motiv völlig mißverstanden. Mit erstickter Stimme stieß er hervor:

«Sie haben keinen Grund – es war nicht ... Warum sagen Sie so etwas zu mir?»

«Es ist kein schönes Wort, nicht wahr? Aber es anders zu nennen wäre reine Spiegelfechterei. Sie sind doch hier, weil Sie mehr Geld haben wollen, nicht wahr?»

Nicholas sprang auf. «Ich bin hier, um Ihnen Ihr Geld zurückzugeben!»

«Ach ja?» Sorensen sagte das in einem sehr seltsamen Ton – skeptisch, verbindlich, zynisch und zugleich erstaunt. Er drückte seine Zigarette aus. «Ich verstehe. Jugend ist moralisch. Unerfahrenheit ist puritanisch. Sie werden es meiner Frau auf jeden Fall sagen, weil Sie nicht käuflich sind. Hab ich recht?»

«Nein, ich bin nicht käuflich.» Nicholas zitterte. Er legte die Hände flach auf Sorensens Schreibtisch, aber sie zitterten immer noch. «Ich werde keiner Menschenseele erzählen, was ich gesehen habe, das versichere ich Ihnen. Aber ich kann mir von Ihnen nicht mein Abendessen bezahlen lassen, und Sie dürfen sich auch nicht als mein Vater ausgeben.» Hinter seinen Augenlidern brannten Tränen.

«Oh, setzen Sie sich, setzen Sie sich doch. Warum, zum Teufel, sind Sie denn hergekommen, wenn Sie mich nicht erpressen wollen und Ihre Lippen versiegelt sind? Ist es ein rein gesellschaftlicher Besuch? Oder soll's ein kleines Schwätzchen von Mann zu Mann über die Damen sein, die wir ausgeführt haben? Wie Sie wissen, gehört Ihre Familie nicht gerade zu meinen engsten Freunden.»

Nicholas wich ein Stückchen zurück, er fühlte die Macht dieses Mannes. Es war die Macht des Geldes und die Macht, die jenen selbstverständlich ist, die immer Geld gehabt hatten. Sorensen hatte etwas an sich, was Nicholas bisher nie aufgefallen war, das aber jetzt deutlich zutage trat: er sah aus, als sei er aus Metall – die Haut Kupfer, das Haar Silber, der Anzug Zinn.

Dann verschleierten sich Nicholas Augen so sehr, daß er alles nur noch verschwommen sah. «Wie hoch war meine Rechnung?» fragte er mühsam.

«Ach, um Himmels willen!»

«Wie hoch?»

«Siebenundsechzig Pfund und ein paar Zerquetschte», antwortete Sorensen. Es klang belustigt.

Für Nicholas war es ein kleines Vermögen. Er nahm das Scheckbuch heraus, füllte den Scheck auf J. Sorensen aus und schob ihn über den Tisch. «Hier haben Sie Ihr Geld», sagte er. «Aber Sie brauchen sich keine Sorgen zu machen. Ich werde keinem sagen, daß ich Sie gesehen habe. Das verspreche ich Ihnen.»

Während er das sagte, kam er sich edel und heldenhaft vor. Er schluckte die Tränen hinunter. Sorensen betrachtete den Scheck und zerriß ihn.

«Sie sind ein lästiger junger Mann. Ich will Sie hier nicht haben. Gehen Sie!»

Nicholas ging. Er verließ das Gebäude mit hocherhobenem Kopf. Er dachte noch immer daran, Sorensen einen zweiten Scheck zu schicken, als er, zwei Tage später, morgens im Zug die Zeitung las und den verhaßten Namen entdeckte. Zuerst sah er keinen Zusammenhang zwischen dem Artikel und «seinem» Sorensen – und dann erkannte er, daß es kein anderer sein konnte. Die Schlagzeile lautete: *Frau tot im Wald aufgefunden. Ehefrau eines Industriekapitäns ermordet.*

Und darunter der Bericht:

Gestern abend wurde in einem verlassenen Wagen im Hatfield Forest, Herefordshire, die Leiche einer Frau entdeckt. Die Frau war erdrosselt worden. Heute ist es der Polizei gelungen, sie als Mrs. Winifred Sorensen, 45, wohnhaft am Eaton Place, Belgravia, zu identifizieren. Sie war die Frau von Julius Sorensen, Präsident von Sorensen-McGill, einer Büromöbelfabrik.

Mrs. Sorensen war bei ihrer Mutter, Mrs. Mary Clifford, in Much Hadham zu Besuch gewesen. Mrs. Clifford hat ausgesagt: «Meine Tochter wollte noch zwei Tage bei mir bleiben. Ich war sehr überrascht, als sie mir am Dienstagabend sagte, sie wolle nach London zurückfahren, nach Hause.»

«Ich habe meine Frau am Dienstagabend nicht erwartet», erklärte Mr. Sorensen. «Daß sie nicht mehr bei ihrer Mutter war, wußte ich nicht und habe es erst erfahren, als ich gestern dort anrief Als mir klarwurde, daß sie vermißt wurde, habe ich sofort die Polizei informiert.»

Die Mordkommission hat die Ermittlungen aufgenommen.

Diese arme Frau, dachte Nicholas. Während sie zu ihrem Mann nach Hause fuhr, sich wahrscheinlich nach ihm sehnte, seine Nähe brauchte, bei ihm Geborgenheit suchte, trieb er sich mit einem Mädchen herum, das er irgendwo aufgelesen hatte, einem Mädchen, von dem er nicht einmal den Familiennamen kannte. Er mußte jetzt von Reue überwältigt sein. Nicholas hoffte nur, daß es ätzende, peinigende Reue war. Der Kontrast war es, den Nicholas so furchtbar fand: Sorensen, Wange an Wange mit diesem Mädchen, mit dem er getrunken und später bestimmt auch geschlafen hatte. Und seine Frau, die allein war, und sich an einem einsamen Ort in der Dunkelheit gegen einen Angreifer zur Wehr setzte.

Nicholas wäre natürlich nicht überrascht gewesen, wenn Sorensen es selbst getan hätte. Nichts, was Sorensen tun konnte, hätte ihn überrascht. Dieser Mann war zu jeder Schändlichkeit fähig. Nur konnte er diese nicht begangen haben, das wußte niemand besser als Nicholas. Daher war es ein kleiner Schock für ihn, daß zwei Polizeibeamte ihn ansprachen, als er am Abend nach Hause kam. Sie hatten in einem Wagen gewartet, der vor der Gartentür parkte, und stiegen aus, als er näher kam.

«Nur keine Sorge, Mr. Hawthorne», sagte der ältere der beiden, der sich als Detective Inspector vorstellte. «Es handelt sich um eine reine Routinesache. Haben Sie heute zufällig in Ihrer Zeitung vom Tod einer Mrs. Winifred Sorensen gelesen?»

«Ja, das hab ich.»

«Dürfen wir hineinkommen?»

Sie folgten ihm nach oben. Was konnten sie von ihm wollen? Nicholas las manchmal Detektivgeschichten, und er stellte sich vor, daß sie vielleicht von seiner oberflächlichen Verbindung mit Sorensen-McGill wußten, und sich bei ihm nach Sorensens Charakter und Familienleben erkundigen wollten. In diesem Fall waren sie an den richtigen Zeugen geraten.

Er konnte ihnen einiges erzählen. Er konnte ihnen sagen, warum es sich die arme Mrs. Sorensen, eifersüchtig und mißtrauisch – denn das war sie bestimmt gewesen –, in den Kopf gesetzt hatte, zwei Tage früher als vorgesehen nach Hause zu fahren. Sie hatte ihren Mann in flagranti ertappen wollen. Und sie hätte ihn ertappt. Hätte festgestellt, daß er nicht zu Hause war oder vielleicht sogar dieses Mädchen in ihr gemeinsames Heim mitgenommen hatte. Nur war sie nie daheim angekommen. Ein Mörder war vorher zu ihr ins Auto gestiegen. O ja, Nicholas konnte einiges erzählen!

In seinem Zimmer setzten sie sich. Sie mußten sich auf dem Bett niederlassen, denn er hatte nur einen Stuhl.

«Es steht fest», sagte der Inspector, «daß Mrs. Sorensen am Dienstagabend zwischen acht und zehn Uhr ermordet wurde.»

Nicholas nickte. Er konnte seine Erregung kaum unterdrücken.

Was für ein Schock würde es für sie sein, wenn er ihnen vom Privatleben dieses angeblich so respektablen Geschäftsmannes berichtete. Nur einen Sekundenbruchteil später fühlte Nicholas sich nur noch klein und häßlich und sah den Inspector sprachlos an.

«An diesem Abend hielt sich ihr Mann, Mr. Julius Sorensen, um neun Uhr in Begleitung einer jungen Dame im Restaurant *Potters* in der Marylebone High Street auf. Das hat er bei uns zu Protokoll gegeben.»

Sorensen hatte es ihnen gesagt. Er hatte gestanden. Nicholas' Enttäuschung war kaum zu überbieten.

«Ich glaube, Sie waren um diese Zeit auch in diesem Restaurant.»

«O ja, das war ich», antwortete Nicholas mit zaghaft klingender Stimme.

«Am nächsten Tag, Mr. Hawthorne, erschienen Sie im Büro von Sorensen-McGill, wo sie eine längere Unterredung mit Mr. Sorensen hatten. Wollen Sie mir sagen, um was es bei dieser Unterredung ging?»

«Darum, daß ich ihn am Abend vorher im *Potters* gesehen hatte. Er wollte, daß ich ...» Nicholas unterbrach sich. Er wurde rot.

«Einen Moment, Sir. Ich glaube, ich kann erraten, warum Ihnen deshalb so unbehaglich zumute ist. Sie sind noch sehr jung, wenn ich das, ohne Sie zu kränken, sagen darf, und junge Menschen sind manchmal ein bißchen unsicher, wenn es sich um Fragen der Loyalität handelt. Habe ich recht?»

Nicholas nickte verblüfft.

«Ihre Pflicht liegt klar auf der Hand. Sie müssen die Wahrheit sagen. Werden Sie es tun?»

«Ja, selbstverständlich.»

«Gut. Hat Mr. Sorensen versucht, Sie zu bestechen?»

«Ja.» Nicholas holte tief Atem. «Ich habe ihm ein Versprechen gegeben.»

«Dem Sie kein Gewicht beimessen dürfen, Mr. Hawthorne. Lassen Sie mich wiederholen: Mrs. Sorensen wurde zwischen acht und zehn ermordet. Mr. Sorensen hat uns gesagt, er habe um neun Uhr im *Potters* gesessen. In der Bar. Das Personal dort kann sich nicht an ihn erinnern. Den Familiennamen der Dame, die ihn begleitet hat, kennt er angeblich nicht. Aber er behauptet, Sie seien dagewesen und hätten ihn gesehen.» Der Inspector schaute zu seinem Kollegen hinüber und sah dann wieder Nicholas an. «Nun, Mr. Hawthorne. Das ist eine sehr ernste Sache.»

Nicholas verstand. Erregung wallte wieder in ihm auf, doch er ließ es sich nicht anmerken. Ihnen würde klarsein, warum er zögerte. Endlich sagte er:

«Ich war von acht bis gegen halb zehn im *Potters*.» Sorgfältig hielt er sich streng an die Wahrheit. «Am Mittwoch waren Mr. Sorensen und ich in seinem Büro verabredet, und wir unterhielten uns darüber, daß ich im *Potters* gewesen war und ihn dort gesehen hatte. Und – er bezahlte mir mein Abendessen.»

«Ich verstehe.» Was der Inspector für scharfe Augen hatte! Wieviel er über Jugend und Alter, Weisheit und Naivität, Unschuld und Korruption zu wissen glaubte. «Also, bitte – haben Sie Mr. Sorensen am Dienstagabend wirklich im Restaurant *Potters* gesehen?»

«Ich kann mein Versprechen nicht brechen», sagte Nicholas.

Natürlich konnte er das nicht. Er brauchte dieses Versprechen nur zu halten, und die Polizei würde Sorensen wegen Mordes anklagen. Er schlug die Augen nieder.

«Ich habe ihn nicht gesehen», sagte er mit schuldbewußt und bekümmert klingender Stimme. «Selbstverständlich habe ich ihn nicht gesehen.»

DIE NEUE FREUNDIN

«Du weißt, was wir das letzte Mal gemacht haben?» sagte er.

Auf diesen Anruf hatte sie seit Wochen gewartet. «Ja.»

«Wie wär's mit einer Wiederholung? Hättest du Lust dazu?»

Das hatte sie, wollte aber auch nicht allzu eifrig auf seinen Vorschlag eingehen. «Warum nicht?»

«Dann am Freitagnachmittag, ja? Ich habe den ganzen Tag frei, und Angie fährt am Freitag immer zu ihrer Schwester.»

«Nicht *immer*, David.» Sie kicherte.

Auch er lachte kurz auf. «Aber diese Woche fährt sie. Ob wir wohl deinen Wagen nehmen können? Angie braucht unseren.»

«Aber klar doch. Ich hol dich gegen zwei ab, ja?»

«Ich lasse die Garage offen, damit du direkt hineinfahren kannst. Ach, und noch etwas, Chris – richte es so ein, daß du ein bißchen länger bleiben kannst. Ich wäre so gern einen ganzen Abend mit dir zusammen.»

«Ich will's versuchen», sagte sie und dann: «Ich kann's bestimmt einrichten, ich sag Graham einfach, ich treffe mich mit meiner neuen Freundin.»

Er sagte auf Wiedersehen, und er freue sich auf den Freitag. Christine legte den Hörer auf. Sie hatte es fast aufgegeben gehabt, auf seinen Anruf zu warten. Trotzdem mußte noch ein Körnchen Hoffnung in ihr gewesen sein, denn sie hatte den Hörer nie neben den Apparat gelegt, wie es ihre Gewohnheit war.

Das letzte Mal hatte sie es an einem Donnerstag vor drei Wochen getan, an dem Tag, an dem sie Angie besuchen wollte und David allein zu Hause gewesen war. Christine hatte sich angewöhnt, den Hörer in der Tagesmitte neben den Apparat zu legen, um nicht ständig Anrufe für die Midlandbank entgegennehmen zu müssen. Ihre Telefonnummer unterschied sich nur um eine Zahl von der der Bank. An den meisten Tagen nahm sie den Hörer um halb zehn ab und legte um halb vier wieder auf. Am Donnerstagnachmittag ging sie fast regelmäßig zu Angie und kümmerte sich nicht um das Telefon.

Christine kannte Angies Mann ziemlich gut. Wenn sie an den Donnerstagen ein bißchen länger blieb, sah sie ihn, sobald er aus der Arbeit kam. Manchmal gingen sie und Graham, Angie und David zu viert aus. David war Firmenvertreter wie Graham – oder Verkaufsrepräsentant, wie er sich lieber nannte –, und nach dem Lebensstandard ihrer Freundin zu schließen, mußte er wesentlich erfolgreicher sein als Graham. Sie hatte ihn nie besonders anziehend gefunden, denn obwohl er groß war, wirkte er irgendwie mädchenhaft und hatte hellblondes, welliges Haar.

Graham war ein schwer gebauter, sehr dunkler Mann mit dunkel gebräunter Haut. Er mußte sich zweimal täglich rasieren. Christine war mit ihm gegangen, seit sie fünfzehn gewesen war, und an ihrem achtzehnten Geburtstag hatten sie geheiratet. Sie hatte nie einen anderen Mann näher gekannt, und wenn sie jetzt mit einem Mann allein war, war sie verlegen und fürchtete sich vor ihm.

Sie hatte Angst, daß ein Mann über sie «herfallen» könnte, und der Gedanke allein erschreckte sie. Lange Zeit trug sie ein Taschenmesser in ihrer Handtasche herum, für den Fall, daß sie sich verteidigen mußte. Als sie eines Abends mit ein paar Freunden von Graham ausgewesen waren und sie ein paar Gläser getrunken hatte, vertraute sie ihm ihre Ängste an.

Er sagte, sie sei albern, schien sich jedoch zu freuen, daß sie so empfand.

«Als du weggingst, um mit diesen Leuten zu reden, und ich mit John allein blieb, war mir furchtbar zumute. Ich war schrecklich nervös und wußte nicht, was ich mit ihm reden sollte.»

Graham brüllte vor Lachen. «Willst du damit etwa sagen, daß du gedacht hast, der gute alte John könnte versuchen, dich mitten in einem überfüllten Restaurant zu vergewaltigen?»

«Ich weiß nicht», antwortete Christine. «Ich weiß nie, was sie tun werden.»

«Solange du dich nur nicht vor dem fürchtest, was ich tue», sagte Graham und fing an sie zu küssen. «Alles andere ist unwichtig.»

Es hatte keinen Sinn, ihm jetzt – zehn Jahre

zu spät – noch zu sagen, daß sie sich vor dem fürchtete, was er tat. Daß sie sich immer davor gefürchtet hatte. Natürlich hatte sie sich inzwischen daran gewöhnt, hatte keine panische Angst davor. Sie ließ es resigniert über sich ergehen und fand es manchmal sogar recht lustig. David war jedoch der einzige Mann, bei dem sie sich wohl fühlte, wenn sie mit ihm allein war.

Beim erstenmal, an jenem Donnerstag, an dem Angie zu ihrer Schwester gefahren war und Christine telefonisch nicht erreicht hatte, um ihr abzusagen, hatte sie sich bei ihm wohl gefühlt. Und hinterher war sie glücklich und sorglos gewesen, obwohl das, was vorgegangen war, ihr am nächsten Tag wie ein Traum vorkam. Es schien einfach unglaublich. Schon ziemlich bald hatte er gefragt:

«Wirst du es Angie erzählen?»

«Nicht, wenn du es nicht willst.»

«Ich glaube, es würde sie aufregen, Chris. Es könnte sogar das Ende unserer Ehe bedeuten. Siehst du ...» Er zögerte. «Siehst du, es war das erste Mal, daß ich ... Ich meine, bisher hat niemand ...» Er hatte ihr tief in die Augen gesehen. «Dem Himmel sei Dank, daß du es warst!»

Am nächsten Donnerstag hatte sie Angie besucht, wie gewöhnlich. In der Zwischenzeit hatte sie von David kein Wort gehört. Sie war lange geblieben, um ihn zu sehen, und ihr war vor lauter Spannung ein bißchen übel geworden. Als er hereinkam, hatte sie Herzklopfen bekommen.

Er sah ganz anders aus als am vergangenen Donnerstag, als er am Tisch gesessen und bei Radiomusik gelesen hatte. Er trug einen grauen Flanellanzug und eine graue, gestreifte Krawatte. Als Angie das Zimmer verließ, war Christine mit ihm eine Minute allein, und sie fühlte das Aufflackern jener Wachsamkeit, die der Vorläufer ihrer Angst war. Er brachte ihr einen Drink. Sie sah auf, begegnete seinem Blick, und alles war in Ordnung. Er lächelte ihr mit Verschwörermiene zu und legte den Zeigefinger auf seine Lippen.

«Ich ruf dich an», flüsterte er ihr zu.

Sie mußte aber noch zwei Wochen warten. In der Zwischenzeit war sie zweimal bei Angie, und Angie war zweimal bei ihr. Dann gingen sie zu viert zusammen aus, und während Graham die Drinks holte und Angie sich hinter der Tür mit der Aufschrift *Damen* aufhielt, sah David sie lächelnd an und berührte unter dem Tisch ihren Fuß ganz leicht mit dem seinen.

«Ich ruf dich an, ich hab's nicht vergessen.»

An einem Mittwoch rief er schließlich an. Am nächsten Tag erzählte Christine ihrem Mann, sie habe eine neue Freundin, ein Mädchen aus ihrer Firma. Am Freitag wolle sie mit dieser neuen Freundin ausgehen und komme nicht vor elf zurück. Sie hatte große Angst, daß er den Wagen nehmen würde – der *ihm* beziehungsweise der Firma gehörte –, aber zufällig hatte er den ganzen Tag im Büro zu tun, und dann fuhr er immer mit dem Zug. Christine hatte kein schlechtes Gewissen, weil sie ihn anlog, denn es handelte sich ja nicht um eine schmutzige Affäre. Es war ganz anders.

Am Freitag zog sie sich sehr sorgfältig an. Wenn sie zu Angie ging, trug sie normalerweise Jeans, ein T-Shirt und darüber einen Pullover. Das hatte sie auch das erste Mal angehabt, als sie mit David allein gewesen war. Jetzt schlüpfte sie in Rock und Bluse und holte ihre schwarze Samtjacke aus dem Schrank. Sie nahm die vorgeheizten Wickel aus dem Haar und bürstete es zu Locken, die ihr offen auf die Schultern fielen. Für Kleidung konnte sie nie viel ausgeben, dazu war nicht genug Geld da. Die Hypothek für das Haus fraß ein Drittel von Grahams Verdienst und die Hälfte des Gehalts, das sie für ihren Halbtagsjob bekam. Aber sie konnte sich eine schwarze Strumpfhose leisten, zu der sie die Schuhe mit den höchsten Absätzen trug, die sie besaß – ihre schwarzen Pumps.

Das Tor von Angies und Davids Garage stand weit offen, und der Wagen war nicht da. Christine bog in die Zufahrt ein, fuhr in die Garage und machte das Tor hinter sich zu. Eine Tür am Ende der Garage führte auf den Hof und in den Garten hinter dem Haus. Die Küchentür war unverschlossen wie am Donnerstag vor drei Wochen und eigentlich an jedem Donnerstagnachmittag. Sie machte die Tür auf und trat in die Küche.

«Bist du das, Chris?»

Die Stimme klang männlich. Nur sein Anblick konnte ihre Unruhe beschwichtigen. Als sie in der Halle stand, kam er die Treppe herunter.

«Du siehst bildhübsch aus», sagte er.

«Du aber auch.»

Er trug ein Kostüm aus marineblauer Seide mit einem Muster aus hellroten und weißen Blumen. Der Rock war sehr kurz, die Jacke mit einem breiten marineblauen Wildledergürtel an der Taille eng geschnürt. Das lange goldblonde Haar fiel ihm über die Schultern, er war stark geschminkt und hatte sich diesmal auch die Fingernägel lackiert. Er war viel schöner als das erste Mal.

Damals, vor drei Wochen, hatte laute Radiomusik Christines Eintritt übertönt, und sie hatte plötzlich vor diesem Mädchen gestanden, das am Tisch gesessen und in der *Vogue* gelesen hatte. Im ersten Moment hatte sie geglaubt, es sei Davids Schwester. Sie hatte vergessen, daß Angie ihr erzählt hatte, David sei ein Einzelkind. Das Mädchen hatte langes blondes Haar und trug ein rotes, getupftes Sommerkleid, weiße Sandalen und um den Hals eine weiße Perlenkette. Als Christine sah, daß sie kein Mädchen, sondern David vor sich hatte, wußte sie nicht, wie sie reagieren sollte.

Stumm und reglos hatte er sie angestarrt und dann das Radio ausgeschaltet. Und dann hatte Christine etwas absolut Albernes, in

dieser Situation ganz und gar Unangebrach-
tes gesagt.

«Was machst du um diese Zeit zu Hause,
David?»

Darüber hatte er lächeln müssen. «Ich bin
fertig für heute, also habe ich mir den Rest
des Tages freigenommen. Ich hätte die Hintertür abschließen müssen. Aber setz dich, da
du schon mal hier bist.»

Sie setzte sich. Sie mußte ihn ununterbrochen ansehen. Er sah nicht aus wie ein als
Mädchen verkleideter Mann, er sah aus wie
ein Mädchen und war viel hübscher als sie
oder Angie.

«Weiß Angie Bescheid?»

Er schüttelte den Kopf.

«Aber warum tust du es?» platzte sie heraus und sah sich im Zimmer um, in Angies
kleinem, unordentlichem Wohnzimmer, betrachtete das Radio, das Exemplar der
Vogue. «Was hast du davon?» Plötzlich fiel
ihr etwas ein, das sie in einem Illustrierten-
artikel gelesen hatte. «Hat deine Mutter dir
Mädchenkleider angezogen, als du noch
klein warst?»

«Ich weiß nicht», erwiderte er. «Vielleicht. Ich erinnere mich nicht. Ich will kein

Mädchen sein. Ich ziehe mich nur gern manchmal wie ein Mädchen an.»

Der erste Schock war vorüber, und sie fand zu ihrer alten Ungezwungenheit zurück. Sein Aussehen hatte nichts Groteskes. Er erinnerte sie auch nicht an einen dieser Männer, die auf der Bühne Frauen darstellten. Ihr kam der sonderbare Gedanke, daß es *schöner* und irgendwie kultivierter war, eine Frau zu sein, und wenn alle Männer den Frauen ähnlicher gewesen wären ... Das war natürlich albern, es war unmöglich.

«Und es genügt dir, dich schick zu machen und allein hier zu sitzen?»

Er antwortete nicht sofort. Dann meinte er: «Da du schon fragst: am liebsten würde ich ja so ausgehen, und ...» Er unterbrach sich und sah sie an. «Am liebsten möchte ich, daß viele Leute mich so sehen. Bisher hatte ich noch nie die Courage dazu.»

Die kühne Idee kam ihr, ohne daß sie einen Moment überlegen mußte. Sie wollte es tun, und sie begann vor Erregung zu zittern.

«Komm, dann gehen wir eben aus, du und ich. Und zwar jetzt sofort. Ich fahre mein Auto in eure Garage, damit du einsteigen kannst, ohne daß die Nachbarn dich zu sehen bekommen, und dann fahren wir irgendwohin. Genau das tun wir jetzt, David. Einverstanden?»

Sie wunderte sich hinterher, daß es ihr so großen Spaß gemacht hatte. Nach außen hin war es doch nichts anderes als ein Spaziergang zweier Mädchen in Hampstead Heath. Hätte Angie ihr den Vorschlag gemacht, hätte sie gedacht, daß sei eine trübsinnige Art, einen Nachmittag zu verbringen. Aber mit David ... Es hatte ihr nicht einmal etwas ausgemacht, daß er viel besser angezogen, größer, hübscher und anmutiger war als sie. Es störte sie auch jetzt nicht, als er die Treppe herunter auf sie zukam und vor ihr stehenblieb.

«Was unternehmen wir heute?»

«Diesmal gehen wir nicht in den Park», antwortete er. «Machen wir einen Einkaufsbummel.»

In einem der großen Warenhäuser kaufte er sich eine Bluse. Christine ging mit ihm in die Kabine, und er probierte die Bluse an. Später gingen sie doch in den Park. In den Hyde Park diesmal. Später am Abend aßen sie in einem Restaurant, und Christine stellte fest, daß sie die einzigen Frauen ohne männliche Begleitung waren.

«Ich bin dir dankbar», sagte

legte auf dem Tisch die Hand über

«Es macht mir Spaß», antwortet

ist so – verrückt. Es macht mir wirkli

Heidenspaß. Aber du solltest meine

lieber nicht festhalten. Der Mann dort drü-

ben guckt schon komisch.»

«Aber Frauen halten sich bei den Hän-

den», wandte David ein.

«Nur *diese* Sorte Frauen. – David, das

könnten wir doch an jedem Freitag machen,

an dem du nicht arbeiten mußt.»

«Warum nicht?» sagte er.

Es gab nicht den geringsten Grund für

Schuldgefühle. Sie tat Angie nicht weh und

war Graham nicht untreu. Sie ging nur ganz

harmlos mit einem anderen Mädchen aus.

Graham interessierte sich nicht für ihre neue

Freundin, er fragte nicht einmal, wie sie hieß.

Christine begann sich nach den Freitagen zu

sehnen, konnte sie kaum erwarten – beson-

ders nicht jenen Moment, in dem sie Angies

Haus betrat und David die Treppe herunter-

kam, und auch nicht jenen Moment, in dem

sie aus dem Wagen stiegen und er die ersten

Blicke auf sich zog. Sie besuchten den Hol-

land Park, sie gingen in den Zoo, in die Kew

ᴊardens. Im Kino legte der Mann auf dem Nachbarsitz David die Hand aufs Knie. David war begeistert, es war ein Triumph für ihn, aber Christine flüsterte ihm zu, sie müßten die Plätze wechseln, und das taten sie auch.

Wenn sie sich am Ende eines Abends trennten, küßte er sie zart auf die Lippen. Er duftete nach *Alliage, Je Reviens* oder *Opium*. Im Lauf des Nachmittags gingen sie gewöhnlich in eines der großen Kaufhäuser und besprühten sich aus den Probierflaschen.

Angies Mutter lebte im Norden Englands. Da sie nach einer Operation noch erholungsbedürftig war, fuhr Angie zu ihr, um sie zu pflegen. Sie rechnete damit, zwei Wochen auszubleiben, und in der zweiten Woche ihrer Abwesenheit mußte Graham mit dem Verkaufsmanager seiner Firma nach Brüssel reisen.

«Wir könnten übers Wochenende wegfahren», sagte David.

«Graham ruft bestimmt an», wandte Christine ein.

«Dann nur für eine Nacht. Nur von Samstag auf Sonntag. Du kannst ihm sagen, daß

du mit deiner neuen Freundin ausgehst und
erst spät nach Hause kommst.»

«Na schön.»

Sie war traurig, weil sie nichts Hübsches
zum Anziehen hatte. David hatte eine kleine,
aber sehr elegante Auswahl an Kostümen,
Kleidern, Schuhen, Schals und schöner Un-
terwäsche. Er bewahrte sie in einem Schrank
im Büro auf, zu dem nur er einen Schlüssel
hatte. Hin und wieder nahm er in seinem Ak-
tenkoffer das eine oder andere Stück heim-
lich nach Hause mit und brachte es auf dem-
selben Weg wieder zurück ins Büro.

Christine fand es einfach ungerecht, daß
sie in ihrem grauen Flanellrock, der weißen
Seidenbluse und der schwarzen Samtjacke
wegfahren sollte, während David in einem
Kleid von Zandra Rhodes erschien. In einem
Anfall von Leichtsinn kaufte sie sich für zwei
Wochengehälter ein Leinenkostüm.

Sie fuhren mit Davids Wagen. Er hatte alle
Vorbereitungen übernommen, und Christine
dachte, ihr Ziel sei ein Motel, ungefähr
zwanzig Meilen außerhalb von London. Sie
hatte geglaubt, es sei David ziemlich gleichgültig, wohin sie fuhren. Doch er überraschte
sie durch seine Wahl eines Hotels in einem

dreihundert Jahre alten Haus an der Küste von Suffolk.

«Wenn wir's schon tun, dann auch mit Stil», sagte er.

Sie fühlte sich bei ihm geborgen, und sie war sehr glücklich. Immer wieder versuchte sie sich vorzustellen, was sie empfinden würde, wenn sie jetzt unterwegs wäre, um eine Nacht mit ihrem Geliebten in einem Hotel zu verbringen? Wenn die Person neben ihr kein schwarz und weiß gemustertes Seidenkleid mit scharlachroter Jacke, sondern einen Männeranzug mit Hemd und Krawatte getragen hätte? Wenn das Gesicht, das sie so gern ansah, nicht mit Rouge und Maskara geschminkt und gepudert, sondern rauh und nicht mehr ganz frisch rasiert gewesen wäre? Es gelang ihr nicht, sich das vorzustellen. Eigentlich konnte sie nur daran denken, daß sie dann wohl an der ersten roten Ampel aus dem Wagen springen würde.

Sie hatten nebeneinanderliegende Einzelzimmer. Sie waren sehr klein, aber Christine sah ein, daß ein Doppelzimmer für David ein paar Peinlichkeiten mit sich gebracht hätte, da er sich irgendwann einmal – sie dachte höchst ungern daran – rasieren und ausziehen, sich gewissermaßen in seinen Urzustand zurückversetzen mußte. Als sie ihr Nachthemd und das zweite Paar Schuhe auspackte, kam er herein und setzte sich aufs Bett.

«Das macht Spaß, nicht wahr?»

Sie nickte, blinzelte ihr Spiegelbild an und bearbeitete ihre Lider mit einer kleinen Bürste. David schminkte sich die Augen immer sehr schön. Sie drehte sich zu ihm um und lächelte.

«Komm, jetzt gehen wir runter und trinken etwas», sagte er.

Der Speisesaal, die Bar, die Hotelhalle hatten niedrige Balkendecken und geschnitzte Wandtäfelungen. David sagte, es sei eine Täfelung mit Faltwerkfüllung. An den Wänden hingen goldgerahmte alte Landkarten und Jagdszenen, und auf den Tischen standen kupferne Krüge mit Rosen. Hohe, weit geöffnete Türen führten auf eine Terrasse. Die Sonne stand noch hoch am Himmel, und es war sehr warm. Während Christine auf der Terrasse in der Sonne saß, holte David die Drinks. Als er zurückkam, brachte er einen Mann mit, einen untersetzten, dicken Mann von etwa vierzig Jahren, der ein Tablett mit vier Gläsern trug.

77

«Das ist Ted», sagte David.

«Ich bin entzückt», sagte Ted, «und ich habe meinen Freund gebeten, sich uns anzuschließen. Sie haben doch nichts dagegen?»

Die Spielregeln verlangten, daß sie sagte, sie habe nichts dagegen. David sah sie an, und sein Blick verriet ihr, daß er Ted ganz bewußt «angemacht» hatte.

«Aber warum denn?» fragte sie ihn hinterher. «Warum wolltest du das? Du hast mir doch gesagt, es war dir unangenehm, als dir der Mann im Kino die Hand aufs Knie legte?»

«Das war so direkt – so körperlich. Das hier ist nur Spaß. Du glaubst doch nicht, daß ich mich von ihm anfassen lasse!»

Ted und Peter saßen beim Abendessen am Nebentisch. Christine war schweigsam und zurückhaltend, aber David flirtete mit den beiden. Ted beugte sich immer wieder herüber, flüsterte mit ihm, und David kicherte und lächelte. Man sah ihm an, daß er sich unglaublich amüsierte. Christine wußte, daß die beiden sie und David nach dem Abendessen auffordern würden, mit ihnen auszugehen, und sie begann sich zu ängstigen. Angenommen, David trieb den Spaß auf die Spitze und ließ sich dazu hinreißen, mit Ted zu verschwinden, ließ sie mit Peter allein? Peter hatte ein rotes Gesicht, ein schwarzes Bärtchen und einen Kinnbart und auf der linken Wange eine Warze, aus der schwarze Haare wuchsen. Christine und David aßen Steaks, und der Ober brachte ihnen scharfe und spitze Steakmesser. Sie benutzte ihr Messer nicht. Das Steak war sehr zart. Als niemand aufpaßte, steckte sie das Steakmesser in ihre Handtasche.

Ted und Peter tranken noch Kaffee und Brandy, als David plötzlich aufstand. «Kommst du?» wandte er sich an Christine.

«Ich nehme an, du hast mit den beiden noch eine Verabredung für später getroffen?» fragte Christine, nachdem sie den Speisesaal verlassen hatten.

David sah sie an. Seine scharlachroten Lippen verzogen sich zu einem breiten Lächeln. Dann lachte er.

«Ich habe ihnen einen Korb gegeben.»

«Hast du das wirklich?»

«Ich hab dir angesehen, daß du am liebsten das Weite gesucht hättest. Außerdem wollen wir doch allein sein, nicht wahr? Ich jedenfalls möchte mit dir allein sein.»

Ihre Erleichterung war so groß, daß sie fast laut seinen Namen gerufen hätte, so daß jeder es hören konnte. Sie beherrschte sich, aber sie zitterte. «Natürlich möchte ich mit dir allein sein», erwiderte sie.

Sie hakte ihn unter. Es war schließlich ganz alltäglich, daß Mädchen untergehakt gingen. Männer drehten sich nach David um, und einer pfiff sogar hinter ihm her. Sie wußte, daß der Pfiff nur David gelten konnte, weil er mit seinem langen blonden Haar und den hochhackigen roten Sandalen so attraktiv aussah. Sie schlenderten die kleine Seepromenade entlang. Es war auch jetzt, um halb neun, noch zu warm für einen Mantel. Es waren viele Leute unterwegs, aber keine Menschenmassen. Der Ort war zu exklusiv, um die Masse anzuziehen. Sie gingen bis ans Ende des Piers, tranken noch ein Glas im *Ship Inn* und ein zweites in den *Fishermen's Arms*. In den *Fishermen's Arms* versuchte ein Mann, David anzusprechen, doch diesmal war er kalt und abweisend.

«Ich würde gern den Arm um dich legen», sagte er auf dem Rückweg. «Aber ich glaube, das geht nicht gut, obwohl es dunkel ist.»

«Laß es lieber», sagte Christine. Und dann

plötzlich: «Das war der schönste Abend meines Lebens.»

Er sah sie an. «Meinst du das wirklich ernst?»

Sie nickte. «Es war der schönste, ehrlich.»

Sie kamen ins Hotel. «Ich lasse uns noch ein paar Drinks heraufbringen. In mein Zimmer. Einverstanden?»

Christine setzte sich aufs Bett. David ging ins Bad. Um sich zu schminken, dachte sie, vielleicht auch um sich zu rasieren, bevor der Kellner ihn sieht, der die Drinks bringt. Es klopfte, und der Kellner kam mit einem Tablett herein, darauf standen zwei hohe Gläser mit einer Flüssigkeit, in dem Früchte und Blätter schwammen. Daneben zwei rosafarbene Servietten, zwei aufgespießte Oliven und zwei grün verpackte Pfefferminzbonbons.

Christine kostete den Drink. Sie aß eine Olive. Sie machte die Handtasche auf nahm Spiegel und Lippenstift heraus und zog sich die Lippen nach. David kam aus dem Badezimmer. Er hatte die goldblonde Perücke abgenommen und sich das Gesicht gewaschen. Rasiert hatte er sich nicht, und auf Kinn und Wangen waren helle Bartstoppeln zu sehen.

Er war barfuß, hatte nackte Beine und trug einen sehr männlichen marineblauen Frotteebademantel. Sie bemühte sich, ihre Enttäuschung zu verbergen.

«Du hast dich aber verändert», sagte sie strahlend.

Er zuckte mit den Schultern. «Es gibt Grenzen.»

Er hob sein Glas, und sie hob ihr Glas, und er sagte: «Auf uns!»

Irgendwo, ganz tief in ihr, begann sich Panik zu regen. Plötzlich war er so ganz, so unverwechselbar Mann. Sie rutschte ein Stückchen von ihm weg.

«Ich wünschte, wir hätten das ganze Wochenende für uns.»

Christine nickte nervös. Ihr wurde bewußt, daß sie angefangen hatte, am ganzen Körper leicht zu zittern. Er hatte es ebenfalls bemerkt. Schon einmal war ihm aufgefallen, daß starke Gefühlsaufwallungen sie zum Zittern brachten.

«Chris», sagte er.

Völlig passiv und verängstigt saß sie da.

«Ich bin in Wirklichkeit gar nicht wie eine Frau, Chris. Ich spiele es nur manchmal zum Spaß. Das weißt du doch, nicht wahr?» Die

Hand, die sie berührte, roch nach Nagellack-entferner. Auf dem Handgelenk wuchsen Haare, die sie bisher noch nie gesehen hatte. «Ich bin dabei, mich in dich zu verlieben», sagte er. «Und dir geht es genauso, nicht wahr?»

Sie konnte nicht sprechen. Er nahm sie bei den Schultern. Er preßte die Lippen auf ihren Mund, legte die Arme um sie und begann sie zu küssen. Seine Haut war ein wenig rauh, und er roch genauso nach Mann wie Graham. Sie schüttelte sich, ein Schauer überlief sie. Er stieß sie aufs Bett und fing an sie aus-zuziehen – seine Lippen lagen noch auf den ihren, sein Körper lastete schwer auf ihr.

Sie tastete hinter sich, schob die Hand in die offene Handtasche und zog das Messer heraus. Weil sie seinen regelmäßigen Herz-schlag an ihrer rechten Brust fühlte, wußte sie, wohin sie stechen mußte, und sie stach und stach und stach. Hellrotes Herzblut sprudelte auf ihre Kleider, auf das Bett und auf die beiden Pfefferminzkrembonbons auf dem Tablett.

Der Pfeifer

Jeremy fand den Schlüssel in einer der Ferienwohnungen, als er für Manuel arbeitete. Die Wohnungen waren einheitlich in einer Farbe gestrichen, die sich «champagner» nannte, und bisher hatten sie keine Maschine aufgetrieben, die die Arbeit tun konnte. Jeremy hoffte, sie würden erst eine finden, bis der Auftrag erledigt war. Manuel war amerikanischer Staatsbürger, stammte aber von irgendwo südlich der Grenze – aus Kuba, wie Jeremy seit jeher vermutete. Jeremy kam von weit, weit her aus dem Norden, aus England, um genau zu sein; seit zwei Jahren schlug er sich gewissermaßen durch die Vereinigten Staaten und gab nie die Hoffnung auf, daß es ihm eines Tages gelingen würde, sein Glück zu machen. Der Schlüssel, dachte er, könnte dieses Glück bedeuten.

Er lag hinter der Jalousie versteckt, im Schlafzimmer, in einer Ecke des Fensterbretts. Manuel war im Wohnzimmer und pfiff Country music. Wenn er arbeitete, pfiff er ununterbrochen, nie etwas Spanisches, immer Western- oder Country-Melodien, und er schaltete nie das Radio ein, was Jeremy wesentlich lieber gewesen wäre. An dem Schlüssel hing an einer Schnur ein kleines Schild. Auf diesem Schild stand eine Adresse. Jeremy begann – oder dachte daran, zu sagen: «He, Manuel, schau dir mal das an …» Dann biß er sich auf die Lippen und schluckte die Worte hinunter. Das Pfeifen wurde nicht unterbrochen. Wollte er das, was die Adresse auf dem Schild eventuell zu bieten hatte, wirklich mit Manuel teilen müssen? Oder schlimmer, wollte er, daß Manuel ihm den Schlüssel abnahm?

Daß man in den Wohnungen etwas fand, war nicht ungewöhnlich. Die Leute waren sehr nachlässig. Sie mieteten in der Hauptsaison diese Wohnungen in Juanillo Beach für zwei Wochen und ließen, wenn sie wieder nach Hause fuhren – nach Ney Jersey oder Moskau in Idaho, oder woher sie sonst kamen –, ihren Schmuck und ihre Kameras zurück, ganz zu schweigen von Kleinigkeiten wie Büchern, Tonbändern und so weiter. Die

Gesellschaft, der die Wohnungen gehörten, sollte sie eigentlich kontrollieren, bevor Manuel mit der Arbeit begann, aber sie ließ so ziemlich fünf gerade sein. Jeremy hatte in einem Küchenschrank eine Geldrolle gefunden, über achtzig Dollar, und in einer Lücke zwischen dem Fliesenboden und der Wand einen Diamantring. Ein Juwelier in Downtown Miami hatte ihm für den Ring zweihundertfünfzig Dollar gegeben, und das war vermutlich nur ein Bruchteil seines Wertes gewesen. Er hatte den Fehler gemacht, Manuel davon zu erzählen. Die Banknoten hatten ihn nicht interessiert, aber wegen des Ringes hatte er sich aufgeregt. Zwar war er nicht ehrlicher als Hinz und Kunz; aber er hatte einen Vertrag mit der Juanillo Beach Properties Inc., den er nicht verlieren wollte. Auf jeden Fall hatte er Jeremy davor gewarnt, Fundsachen aus den Wohnungen zu behalten – und schon das allein wäre für Jeremy ein Grund gewesen, den Schlüssel in der Tasche seiner Jeans verschwinden zu lassen. Im Nebenzimmer wurde weitergepfiffen, sehr übermütig und sehr nach den Rocky Mountains klingend.

Es wurde allmählich heiß, und die Klimaanlage funktionierte nicht. Oder die Juanillo Beach Properties Inc. hat den Strom abschalten lassen, dachte Jeremy. Das traue ich ihnen nämlich zu. Gegen Mittag mußten sie mit über dreißig Grad rechnen. Aber er war schließlich wegen des Klimas hergekommen, und wegen des Klimas blieb er. Armut läßt sich in einem warmen Klima leichter ertragen. An England dachte er nur mit Entsetzen zurück, ausgewiesen zu werden und dahin zurückkehren zu müssen, war sein schlimmster Alptraum. In Wirklichkeit konnte es so schrecklich gar nicht sein, war auch nicht so schrecklich, aber das Land, in dem er geboren war, war in seiner Erinnerung grün und kalt, voller reicher älterer Leute, die rund ums Jahr ihre Kamine mit Holz heizen konnten, ein Land zwischen Arbeitslosigkeit für die einen und unzähligen Privilegien für die anderen. Obwohl er, wie schon gesagt, dort geboren war, hatte er immer das Gefühl gehabt, unwillkommen zu sein. Jetzt, da die Jalousie hochgezogen war, lag vor ihm der subtropische Garten, in den die Wohnanlage eingebettet war – ein Garten mit Palmen, Zitrusbäumen, indischen Rachenblütlern und Oleandern; und dazwischen hin und wieder die geteilten speerförmigen Blätter eines Bananenbaums. Zebraartig gelb- und schwarzgestreifte Schmetterlinge flitzten zwischen den prallen, glänzenden Blättern hin und her. Die Sonne brannte von einem klaren blauen Himmel herunter. Es gefiel ihm hier, oder – besser gesagt –, es hätte ihm hier gefallen, hätte er nur ein bißchen Geld gehabt.

In London hatte er ein sehr kleines Zimmer bewohnt, für das er wöchentlich fünfundzwanzig Pfund zahlen mußte. Die zwei Stockwerke tiefer liegende Küche und das Bad mußte er mit vier anderen Mietern teilen. Das Motelzimmer mit Bad – nun ja, mit Dusche eigentlich –, das er hier gemietet hatte, kostete ihn viel weniger. Und er brauchte keine Küche, weil man sehr preiswert außer Haus essen konnte. Aber, dachte er manchmal, ich bin fünfzig Jahre zu spät in die Vereinigten Staaten gekommen, zu spät, um hier noch mein Glück zu suchen. Das hatte Josh gesagt, dem das Motel gehörte. Josh wußte natürlich nicht, daß Jeremy illegal im Land war. Oder wenn er es wußte, erwähnte er es nie.

Nach der Arbeit tranken er und Josh auf der Veranda hinter dem Büro des Motels manchmal ein Bier zusammen. Das Motel stand in einer rauhen Gegend und war ziemlich schäbig, aber eins hielt Josh immer in Ordnung, und das waren die Fliegengitter um die Veranda, denn sie war, laut Josh, der Versammlungsort aller Moskitos aus der Diaspora, nachdem man sie aus ihren üppigeren Pfründen vertrieben hatte.

Plötzlich erinnerte sich Jeremy an die Adresse. «Wo ist die Eleventh Avenue?»

Auf dem Tisch standen noch zwei Büchsen *Goors*, eiskalt beschlagen, und daneben lag eine Tüte mit gerösteten Pekannüssen. Außen huschte eine kleine braune Eidechse das Fliegengitter hinauf.

«Was meinst du mit Eleventh Avenue? Die Elfte Avenue – wo?»

«In Miami.»

«Du findest in diesem Land nicht viele Städte, in denen die Avenuen numeriert sind. Straßen – ja. Warum? Weshalb fragst du?» Er wartete Jeremys Antwort nicht ab. «Nimm L.A., nimm Philly – dort gibt es keine numerierten Avenuen.»

«In New York schon.»

«New York ist eine Ausnahme», erwiderte Josh, und das war etwas, was die Ame-

rikaner immer sagten, das war Jeremy längst
aufgefallen.

«Also, wie steht's mit Miami?»

«Klar, Miami hat eine Eleventh Avenue. In
Downtown. Im Büro hängt ein Stadtplan.»

Jeremy sah ihn sich an. Die Adresse, die an
dem Schlüssel hing, lautete: i i. Ave. 1562A.
Keine Stadt, kein Staat. Das Etikett war ein
bißchen verschmiert. Es hatte noch mehr
darauf gestanden, zwei Großbuchstaben waren noch undeutlich sichtbar. Der zweite bestimmt ein J oder ein Y. Y für York? J für
Juanillo? Er wußte jedoch, daß es in Juanillo
nicht einmal eine First Avenue gab, ge-
schweige denn eine 11. 1 T. Avenue war eine
merkwürdige Schreibweise, eigentlich mehr
die europäische Art, nur numerierten die
Europäer ihre Straßen sehr selten.

Nach Miami gehörte der Schlüssel wahrscheinlich nicht. Leute aus Miami mieteten
keine Wohnung in Juanillo Beach. Aber er
konnte es versuchen. Ein Einbruch wäre kin-
derleicht und nicht einmal besonders krimi-
nell, wenn man eigentlich gar nicht einbre-
chen mußte. An diesem Abend wollte er mit
Manuel und Lupe zum Essen gehen, in ein
Thai-Restaurant im eleganten Fort Cayne,

wo Manuel wohnte. Aber zuerst würde er eine kleine Fahrt nach Downtown unternehmen und den Schlüssel an der Tür des Hauses 1562A in der Elften Avenue ausprobieren.

Das Haus wurde nicht bewacht, alles war still. Er klingelte, wartete, klingelte noch einmal, versuchte den Schlüssel ins Schloß zu stecken. Er paßte nicht. Im Taxi, das ihn nach Fort Cayne brachte, dachte er darüber nach, daß Josh gesagt hatte, es gebe in Amerika nicht viele Städte mit numerierten Avenuen. Josh konnte sich natürlich irren, er hatte nur drei Städte genannt ... Doch war es nicht ohnehin wahrscheinlicher, daß dieser Schlüssel die Tür einer New Yorker Wohnung öffnete? Was für eine Straße war die Eleventh Avenue in New York, und wie weit uptown lag wohl Nummer 1562A. Wäre es Nummer 1562 in der Fifth gewesen, hätte er Bescheid gewußt. Seine Phantasie gaukelte ihm eine prächtige New Yorker Wohnung voller Schätze vor, die nur darauf warteten, daß jemand kam und sie holte. Die Schwierigkeit war, daß die Rückfahrkarte nach New York rund dreihundert Dollar kostete.

Das Restaurant hieß *Phumiphol* und lag an einer eleganten Promenade. Jeremy war als erster da und bestellte Wodka on the rocks. Schreiben Sie's bitte auf die Rechnung. Ein bißchen peinlich würde ihm das Wiedersehen mit Lupe schon sein. Keine große Sache natürlich, mit so etwas wurde er spielend fertig, aber er brauchte den Wodka.

Ihr richtiger Name war Guadelupe oder Maria del Guadelupe oder so ähnlich, und sie war illegal eingewandert – wie er. Ein kleines, dunkles, schönes Mädchen mit den riesigen Augen und den ebenmäßigen Zügen der mexikanischen Hollywood-Stars aus den dreißiger Jahren. Sie ähnelte einem Foto, das er von Dolores del Rio gesehen hatte. Manuel würde sie heiraten, und sie würde bald Amerikanerin sein, Bürgerin wie die Frau des Präsidenten oder eine Tochter der amerikanischen Revolution.

Der Wodka wurde serviert und mit ihm ein Schüsselchen mit etwas, das wie gesalzene Käfer aussah, aber natürlich konnten es keine Käfer sein. Jeremy hatte Lupe in Manuels Wohnung das erste Mal gesehen. Selbstverständlich lebte sie nicht mit ihm zusammen. Manuel hatte in dieser Beziehung sehr strenge, sehr spanische Ansichten. Die Frau, mit der er verlobt war, mußte Jungfrau sein, und mußte vor aller Welt demonstrieren, daß sie noch Jungfrau war.

Merkwürdigerweise war Lupe es tatsächlich gewesen. Jeremy war bisher noch nie einer begegnet. Sie bewohnte ein Zimmer in einer Damenpension, die einer Kubanerin gehörte, und kam täglich zu Manuel, um seine Wohnung zu putzen und seine Hemden zu bügeln. Manuel steckte die Hemden zwar selbst in die Waschmaschine, aber Lupe bügelte sie. Wo sie auch herkam, sie wollte auf keinen Fall dorthin zurück, und nur deshalb, davon war Jeremy überzeugt gewesen, bediente sie Manuel und gehorchte ihm; sie hoffte, daß er sie heiraten werde. Manuel war häßlich wie die Nacht, sehr dünn, irgendwie einer Spinne ähnlich, mit einem scharfgeschnittenen, pockennarbigen Gesicht, während Jeremy groß, blond und hübsch war. Zweifellos lag es zum Teil auch daran, daß Lupe sich in ihn verliebt hatte.

Oder wie man es nennen wollte. Jedenfalls war ihr Widerstand nicht von langer Dauer gewesen. Manuel war nach Hause gefahren, weil sein Vater im Sterben lag. Er starb, bevor Manuel kam, der deshalb nur zwei Tage wegblieb, aber sie reichten aus. Jeremy und

Lupe lagen schon in der Wohnung der Hacienda Alameda miteinander im Bett, bevor Manuel in seiner Maschine saß. Daß Lupe noch Jungfrau war, kam überraschend und war ein bißchen erschreckend, aber nach dem dritten oder vierten Mal war es, als schliefen sie schon seit fünf Jahren miteinander.

Schlimm war nur, daß sie nicht aufhören konnten, und schließlich kam Manuel dahinter. Eines blödsinnigen Nachmittags, an dem Jeremy frei hatte und Lupe Manuels Wohnung putzte, vergaßen sie die gebotene Vorsicht und erlagen der Versuchung. Wir hätten doch ins Motel gehen können, dachte er hinterher. Manuel überraschte sie nicht, so nackt waren die Tatsachen nicht. Er fand ein blondes Haar und ein kastanienbraunes lockiges Haar auf dem Kissen, auf dem nur ein schwarzhaariger Mann schlief.

Jeremy trank seinen Wodka aus, als Manuel und Lupe hereinkamen. Manuel war fröhlich und sah selbstzufrieden aus und sprach davon, daß er, sobald es in Florida richtig heiß wurde, in kühleren Zonen Urlaub machen wollte. Noch vor ein paar Monaten hätte Jeremy unbefangen erwidert,

Manuel solle den Urlaub doch gleich zur Hochzeitsreise machen. «Angeblich soll Alaska im Sommer wunderschön sein.» Jetzt hatte er Hemmungen, so etwas zu sagen. Manuel hatte seit jenem Abend nie wieder von Heirat gesprochen.

Sie aßen eine klare Suppe, in der Blüten schwammen. Auf dem Tisch standen eine Karaffe mit Sake und eine Flasche Mineralwasser. Weder Manuel noch Lupe tranken viel. Dann kamen kleine Pfannkuchen, geschnetzeltes Gemüse, eine mit Räucherwerk zubereitete Ente. Es war, als hätten Puppen gekocht. Lupe aß geziert, kaute jeden Bissen zwanzigmal, hielt den Kopf gesenkt.

«Ich möchte mich wie ein zivilisierter Mensch benehmen», hatte Manuel gesagt, und Jeremy hatte pathetisch gedacht: wie ein echter amerikanischer Gentleman. Manuel sah lächerlich aus, wenn er unglücklich war, eine schwarze Krähe mit schlammigem Gefieder. «Meine Vorfahren hätten dich umgebracht – und sie auch.»

Jeremy hatte die Augen nach oben verdreht. Ach, du lieber Gott ...

«Aber die Zeiten haben sich geändert. Für mich wird es sein, als sei es nie geschehen.»

Manuel hatte Lupe angesehen. «Doch es darf nie wieder vorkommen.»

«Es wird nie wieder vorkommen», sagte Lupe.

«Selbstverständlich nicht.» Jeremy wollte sie ohnehin nicht mehr. Dieses ganze Getue konnte einem auch begehrenswertere Frauen als Lupe Garcia verleiden.

«Dann bleibst du und arbeitest weiter für mich», sagte Manuel zu Jeremy. «Und Vergangenes soll vergangen sein.» Er lächelte und bestand darauf, Jeremy die Hand zu schütteln. Dann ging er in die Küche, um eine Flasche Wein aufzumachen, und pfiff den *Tennessee Waltz*. Eine treffende, wenn auch taktlose Wahl, dachte Jeremy, aber vielleicht kennt Manuel den Text nicht. Lupe versuchte seinen Blick einzufangen, aber Jeremy wich ihren Augen beharrlich aus.

Das war jetzt zwei Monate her, und seither hatte er Lupe nicht wiedergesehen – bis heute. Die ganze Situation löste ein geradezu archaisches Gefühl in ihm aus. Es war schon eine seltsame Vorstellung, daß er Lupe mit dem allerersten Akt, von den anderen ganz zu schweigen, für Manuel «unbrauchbar» gemacht hatte, sie für ihn nur noch eine «schadhafte Sache» war. Sie selbst war noch unterwürfiger, sah aber nicht unglücklich aus. Sie aßen kleine Teigfladen in Sirupsauce.

Manuel war mit dem Wagen gekommen, obwohl er nur um die Ecke wohnte. Er bat Jeremy auf eine Tasse Kaffee in seine Wohnung. Er ging ins Bad und sah dort die unverkennbaren Anzeichen dafür, daß Lupe jetzt hier wohnte, eine Dose Hautcreme, einen Lidstift, eine Flasche ihres Eau de Toilette. Also war es mit Manuels Prinzipien auch nicht so weit her, dachte Jeremy leise in sich hineinlachend.

«Ja, ich bin eingezogen», sagte Lupe zu ihm.

Er schaute auf ihre Hand, und sie sah, daß er hinschaute. Sie trug nicht einmal einen Verlobungsring.

Manuel fuhr ihn nach Hause. Er hatte eben seinen neuen Wagen bekommen, fuhr immer das neueste Modell. Manchmal rätselte Jeremy, woher das Geld kam. Davon, daß man Decken strich, konnte man sich keine Eigentumswohnung in der eleganten Hacienda Alameda und jedes Jahr einen neuen Wagen leisten; und außerdem noch alle zwei Monate nach Hause fliegen und seine Familie besuchen. Aber es ging ihn nichts an. Er zog ohnehin bald weiter. Vielleicht nach Kalifornien, wenn er das Fahrgeld aufbrachte.

In den Kokospalmen um Joshs Motel raschelten die Baumfrösche wie Geister, und ihr ununterbrochenes Quaken zerrte an den Nerven. Sie hielten Jeremy wach. Statt nach Kalifornien konnte er nach New York gehen, um den Schlüssel auszuprobieren. Nach 11. Av. standen noch zwei Großbuchstaben auf dem Schildchen, und einer konnte ein Y sein. Vielleicht gab es in den Vereinigten Staaten nur zwei Städte mit numerierten Avenuen – und vielleicht gab es Dutzende.

Ein paar Tage später nahmen Manuel und er das nächste Apartment in Angriff. Es glich dem, in dem sie vorher gearbeitet hatten, aufs Haar, nur hatte hier niemand einen Schlüssel auf dem Fensterbrett liegenlassen. Manuel pfiff im Nebenzimmer. Ein Lied über die Sonnenblumen von Kansas. Er hatte den ausgefallenen modischen hellblauen Blouson ausgezogen und über den Rand der Badewanne geworfen. Es gab keinen anderen Platz, wo man etwas ablegen konnte. Jeremy durchsuchte die Taschen. Er hatte das schon früher getan, wenn er knapp bei Kasse gewesen war, und sich mit der Zeit fünfzig Piepen angeeignet. Manuel ging so sorglos mit dem Geld um, daß er nichts merkte. Das Pfeifen dauerte an, nur die Melodie wechselte in südlichere Gefilde – *The Yellow Rose of Texas*. Jeremy zog ein dickes Bündel Geldscheine heraus, lauter Zwanziger, eine Menge Geld.

Er konnte sie nicht einfach einstecken, das wäre nicht gut. Er sah sich um und überlegte rasch. Der Badewannenstöpsel war aus Metall und wurde mit einem Hebel unterhalb der Wasserhähne betätigt, aber man konnte ihn entfernen. Jeremy nahm ihn heraus und schob die zusammengerollten Geldscheine vorsichtig hinein. Die Rolle lockerte sich ein bißchen, so daß sie jetzt, ganz wie er es vorausgesehen hatte, genau in das Abflußrohr paßte. Er brachte den Stöpsel wieder an.

Mittags holten Manuel oder er gewöhnlich zwei Mords-Hamburger, Zwiebelringe und zwei Colas. Es war immer Manuel, der bezahlte. Er unterbrach sein Pfeifen und ging ins Bad an seine Jacke, um Jeremy die sechs oder sieben Dollar zu geben, die er im *Burger King* brauchen würde. Diesmal nahm er den Verlust des Geldes nicht mit philosophischer Ruhe hin.

«Ich weiß, daß du mich nicht verdächtigst», sagte Jeremy. «Ich weiß, daß dir das nicht einmal im Traum einfallen würde, aber ich fühle mich erst wohler, wenn du dich überzeugt hast.»

Er zog die leeren Taschen seiner Jeans heraus, streifte das Hemd ab, schleuderte die Schuhe von den Füßen, reichte Manuel seine Drillichjacke, in der genau acht Dollar steckten.

«Ich weiß nicht, wieviel du bei dir gehabt hast, Manuel, aber du hast das Ding sehen lassen, als wir bei mir in den Wagen gestiegen sind. Es ist eine ziemlich rauhe Gegend da draußen bei Josh …»

«Und gefunden heißt behalten, wie?» Manuel benutzte eine Menge seltsamer altenglischer Ausdrücke, die, mit seinem spanischen Akzent ausgesprochen, reichlich komisch klangen. «Schlimmere Dinge geschehen auf See», sagte er. «Jetzt mußt du eben den Lunch bezahlen.» Lachend klopfte er Jeremy auf den Rücken.

Bevor Jeremy nach Hause ging, holte er die Geldscheine aus dem Abfluß. Es waren sechzehn, mehr als genug, um nach New York zu fahren. Doch angenommen, das Schloß, in das der Schlüssel paßte, war gar nicht in New York? Dann hätte er das ganze schöne Geld für nichts und wieder nichts hinausgeworfen. Es ist ein teuer aussehender Schlüssel, einer, der Klasse hat, dachte er. Glänzender, schwerer, kunstvoller gefeilt als die Schlüssel zu Manuels Wohnung in der Hacienda Alameda.

In der nächsten Woche fuhr Manuel nach Hause, und Lupe war allein. Aber Jeremy wollte sich auf keinen Fall wieder mit ihr einlassen. Er hatte die Absicht, sich während der vier Tage, die Manuel fortblieb, in Fort Cayne überhaupt nicht blicken zu lassen.

Sie kam zu ihm. Er saß mit Josh auf der Veranda, als sie in Manuels neuem Wagen auf den Parkplatz einbog. In der Art, wie sie fuhr und den Wagen parkte, lag etwas Unsicheres, Verletzliches. Manuel kannte niemanden, der ein so geringes Selbstwertgefühl hatte wie sie. Weil sie sich selbst für ein Stück Dreck hielt, behandelten die Leute sie auch so, obwohl sie körperlich von geradezu krankhafter Reinlichkeit war, und täglich zweimal badete oder duschte. Es waren die Orientalinnen, nicht die Lateinamerikanerinnen, die man mit Blüten verglich, aber Lupe erinnerte an eine Blüte – eine Hibiskusblüte vielleicht.

«So ein Glück sollte ich einmal haben!» sagte Josh.

«Bedien dich.» Jeremy zuckte mit den Schultern. Lupe hatte die Fliegengittertür geöffnet und kam zögernd die Stufen herauf. «Wir haben hier neue Vorschriften», sagte er zu ihr. «Keine Angehörigen des anderen Geschlechts nach Sonnenuntergang in den Gästezimmern.» Er lachte über seinen eigenen Witz.

Sie wurde feuerrot. Josh, der sonst viel Humor hatte, lachte aus irgendeinem Grund nicht, forderte sie auf sich zu setzen, und fragte sie, ob das Haus ihr einen Drink spendieren dürfe. Lupe sagte leise, sie hätte gern eine Cola.

Josh brachte es ihr und fragte, wo Manuel sei. Er war ihm ein oder zweimal begegnet.

«In San José», sagte Lupe.

Jeremy war überrascht. «Seine Mutter lebt in Kalifornien? Das wußte ich nicht.»

«Nicht Kalifornien, Costa Rica», sagte Josh. «Ich hab doch recht, oder? In der Hauptstadt von Costa Rica?»

Sie nickte. Jeremy wußte kaum, wo Costa

Rica war, und es war ihm auch ganz egal. Josh sagte, er sei nie dort gewesen, habe aber gehört, sie hätten keine Armee, und es sei die einzige echte Demokratie in Zentralamerika. Lupe war auch noch nie dort gewesen. Sie kam aus Nicaragua. Sie führten tatsächlich eine vernünftige Unterhaltung. Und so soll es auch bleiben, dachte Jeremy.

Er wußte nicht, ob sie an Manuel hing oder nur an seinem Geld und an seiner Staatsbürgerschaft. Was es auch war, sie redete ununterbrochen von ihm. Er war seiner Mutter ein liebevoller und fürsorglicher Sohn, er hatte ihr in der besten Wohngegend einer Vorstadt von San José ein Haus gekauft. Lupe hatte Fotos mitgebracht, die sie ihnen zeigte: einen mit Bougainvilleen überwucherten Bungalow mit vergoldeten Fenstergittern.

Jeremy betrachtete die Fotos, die von einem Berufsfotografen gemacht worden waren. Die Rückseite trug seinen Stempel. 2. *Ave.*, stand da, *San José, Costa Rica.*

In einer Buchhandlung in Downtown Miami besorgte sich Jeremy einen Stadtplan von San José. Es war eine Stadt, in der die Straßen oder *Calles* ebenso numeriert waren wie die

Avenuen oder *Avenidas*. «Ave.» konnte natürlich nur die Abkürzung von Avenue oder *Avenida* sein. Die Straßen glichen mehr oder weniger einem Raster. Die Avenuen verliefen von Ost nach West, die *Calles* von Nord nach Süd. Bei Juanillo Properties bekam er die Auskunft, das Apartment sei zuletzt an ein Paar aus Costa Rica vermietet gewesen. Viele Costaricaner kamen für eine Woche oder auch nur ein paar Tage nach Florida. Sie konnten hier besser und billiger einkaufen. Elektrogeräte, zum Beispiel, kosteten in San José das Doppelte. Doch, so leid es ihnen tat, die Adresse konnten sie Jeremy nicht geben. Falls er etwas in der Wohnung gefunden hatte, sollte er es abgeben, und Juanillo Beach Properties würden dafür sorgen, daß die Leute ihr Eigentum zurückbekamen. Jeremy händigte der Büromaus zwei Filmrollen aus, die er eigens zu diesem Zweck bei Gray Drug gekauft hatte. Das Mädchen sah ihn an, als habe er den Verstand verloren.

Im Reisebüro stellte man ihm eine Dreitagereise zusammen, die viel weniger kostete, als er Manuel geklaut hatte. Manuel war auch wieder da, und sie renovierten das letzte Apartment in diesem Block. Als Jeremy sagte, er hätte gern die ganze nächste Woche frei, hatte Manuel nichts dagegen, und er schien sich auch nicht dafür zu interessieren, daß Jeremy nach New York wollte. Lächelnd klopfte er Jeremy auf die Schulter, sagte etwas über den «Big Apple» und fügte dann mit einer altmodisch verschnörkelten Phrase hinzu, er solle nichts tun, was er, Manuel, auch nicht tun würde. Dann nahm er einen sauberen Pinsel und den Eimer mit der Emulsion und verschwand, das Lied von dem Jungen namens Sue pfeifend, im Schlafzimmer.

Jeremy kam am Spätnachmittag in San José an. In der Maschine saßen mehr Costaricaner als Nordamerikaner, und als der Captain durchsagte, sie setzten zur Landung an, klatschten sie in die Hände, riefen hurra und stampften mit den Füßen. Ganz offensichtlich eine patriotische Bande. Ein Bus der Reisegesellschaft brachte Jeremy in die City. Sie lag 1170 Meter über dem Meer, und obwohl viel näher am Äquator, war es hier kühler als in Florida. Hinter den Kaffeeplantagen und Bananenhainen ragten blaue Berge auf, und die ganze Landschaft war mit Feuerbäumen getüpfelt, die brennenden Fackeln glichen. Jeremy hatte schon einiges von der Dritten

Welt gesehen und erwartete, direkt vor den Toren der Stadt die Hüttenstädte der Armut zu finden, die Hütten aus Wellblech, Säcken und Plastiktüten, die Abfallhaufen und die Fliegenschwärme. Armut interessierte ihn nicht, er dachte nie darüber nach, aber hier erwartete er sie rein unbewußt, ebenso wie er in seiner Heimat Regen und Tudorschlößchen erwartet hätte. Doch es war weit und breit keine Armut zu sehen. Nur hübsche, stuckverzierte Bungalows und kleine Häuser wie in einer englischen Gemeindesiedlung.

Da er damit gerechnet hatte, daß sein Stadtplan falsch war, war es für ihn ein Trost, die *Avenidas* zu sehen. Das *Hotel Latinoamericana* auf der Avenida Central war zwar nicht gerade das Hilton, aber trotzdem das beste, in dem Jeremy je gewohnt hatte, und ungefähr fünf Sterne über dem von Josh. Um sechs Uhr wurde es dunkel. Carmen, die Reiseführerin, hatte ihn vor Taschendieben gewarnt, da Eigentumsdelikte in der Stadt überhandnahmen. Jeremy beschloß, früh schlafen zu gehen. San José gab ihm ein gutes Beispiel, die Hotelbar schloß Punkt zehn.

Am nächsten Morgen schwamm er im Hotelpool. Die Luft auf der Avenida Central war zum Schneiden dick und stank nach Abgasen. Er ging ein Stück in Richtung Innenstadt, aber die Luftverschmutzung, die wie eine blaue Dunstglocke über der Stadt hing und die Berge fast auslöschte, brachte ihn zum Husten. Noch etwas hatte Carmen ihren Schützlingen geraten: bevor man in ein Taxi einstieg, sollte man mit dem Fahrer den Fahrpreis aushandeln. Jeremy fand ein Taxi und feilschte zuerst ein bißchen, doch er konnte nicht Spanisch, und der Fahrer sprach nur gebrochen Englisch, und als Jeremy in den Fond kletterte, war er überzeugt, übers Ohr gehauen zu werden. Der Fahrer sollte eine Stadtrundfahrt mit ihm machen.

Zuerst fuhren sie in die Vorstadt an der Straße nach Irazu, wo die elegantesten Häuser und die ausländischen Botschaften standen. Es war nicht die 11. Avenida, und auch das Haus von Manuels Mutter war nicht zu sehen. Der Fahrer wies Jeremy auf Sehenswürdigkeiten hin, für die sich Jeremy nicht interessierte. Er zeigte ihm die Universität und das Museum der schönen Künste, und dann entdeckte Jeremy in der Nähe des Kinderkrankenhauses einen Bungalow, der dem von Manuels Mutter sehr ähnlich sah, es vielleicht sogar war, von orangefarbenen Bougainvilleen überwuchert, mit goldfarbenen Fenstergittern zum Schutz gegen Einbrecher und einem kleinen weißen Hund, der neugierig aus dem Fenster schaute. Einmal fuhren sie auch die 11. Avenida entlang, aber in die Nähe von Nummer 1562 kamen sie nicht. Es war jedoch nicht weit vom *Latinoamericana* und leicht zu Fuß zu erreichen.

Sollte er warten, bis es dunkel war? Das war vielleicht das beste. Oder sollte er das Haus oder die Wohnung, was immer es sein mochte, beobachten, um festzustellen, wann niemand zu Hause war? Dann fiel ihm ein, daß er alles in allem nur zwei Tage Zeit hatte. Er bezahlte den Taxifahrer – seiner Meinung nach verlangte der Mann doppelt soviel wie sie ausgemacht hatten – und ging durch die Calle Central zur 11. Avenida. Sie hatte eine Abzweigung, an der, was Jeremy wie ein böses Omen vorkam, das Central-Gefängnis lag.

Als er das Haus fand, war er tief enttäuscht. Es hatte nicht einmal so viel Klasse wie das Haus von Manuels Mutter, sondern lag weit darunter. Er dachte an das Viertel in London, in dem seine Eltern lebten, in North

Finchley. Dieser Bungalow, der allein am Straßenrand stand, hätte genausogut in North Finchley stehen können, wären die beiden Palmen davor und die rotblühende Dornenhecke nicht gewesen, die ihn von dem vernachlässigten Nachbargrundstück trennten, auf dem sich leere Ölfässer stapelten.

An den Fenstern hingen nicht allzu saubere Spitzenvorhänge. Die Farbe war ausgeblaßt. Es sah unbewohnt aus, doch er traute sich nicht, den Schlüssel zu benutzen. Er ging um das Grundstück herum und schaute sich hinter dem Haus um. Alles verschlossen. Eine leere Hundehütte und eine zerbrochene rostige Hundekette.

Er fand ein *McDonald's* und aß dort seinen Lunch. Die ungewohnte Höhenlage machte müde, und nach ein paar Drinks in der Hotelhalle schlief er ein. Um halb sieben war es stockdunkel. Er ging in die Calle Central zur 11. Avenida hinauf und zu dem Bungalow zurück. Dunkel lag er vor ihm, nirgends ein Licht. Der Straßenverkehr nahm allmählich ab, und mit ihm verzog sich auch der Smog, so daß man die Sterne und eine Mondsichel sehen konnte, die so dünn war wie Silberdraht. Jeremy beobachtete das Haus von der gegenüberliegenden Straßenseite. Eine Viertelstunde lang. Wieder ging er um das Grundstück mit den Ölfässern herum nach hinten und sah sich dort um. Nichts. Keine Menschenseele. Dunkelheit. Es waren jetzt auch weniger Leute auf der Straße. Jeremy ging weiter, er kam bis zum Zoo, machte dort kehrt und schlenderte durch die nunmehr fast menschenleere Straße zurück. Es tat ihm gut die frische, saubere Luft einzuatmen. Das Haus sah genauso aus wie vorher. Er nahm den Schlüssel aus der Tasche, ging zur Haustür und schob den Schlüssel ins Schloß. Die Tür ließ sich mühelos öffnen.

Er zog sie hinter sich zu und blieb in der kleinen rechteckigen Diele stehen. Es roch staubig, modrig und stickig, wie eben Häuser riechen, die in einem warmen Klima lange Zeit leerstanden und nicht gelüftet wurden. Es war nicht nur jetzt unbewohnt, sondern schon seit Monaten. Von der Straße fiel Licht herein, aber längst nicht genug. Jeremy knipste seine Taschenlampe an. Er stieß eine Tür auf und fand sich in einem Schlafzimmer wieder, unerträglich stickig und nach Kampfer riechend. Die Spuren an den Wänden verrieten ihm, daß hier Möbelstücke entfernt worden waren, und nur das große Bett mit dem geschnitzten Mahagonikopfbrett und einer weißen Spitzendecke war stehengeblieben. Der Bungalow war ein geräumiges Haus, viel größer, als er von außen wirkte. Es gab noch zwei Schlafzimmer, von denen eins völlig leer war. Entweder war der Verkehr auf der 11. Avenida völlig zum Erliegen gekommen, oder man hörte ihn hier drin nicht. Jeremy ging durch die dämmrige, muffige Stille der Räume und ließ den Strahl seiner Taschenlampe zwischen Wänden und Fußboden auf und ab wandern.

Das Vorder- oder Wohnzimmer war ebenfalls halb möbliert. An einer Wand hatte ein Klavier oder eine Kommode gestanden. Schäbige hölzerne Armsessel standen noch herum. Die Tapete war fleckig und vergilbt, und dort, wo früher gerahmte Fotos gehangen hatten, zeichneten sich jetzt kleine, blasse Rechtecke ab. Eins hing noch schief an der Wand, das Gruppenbild einer Familie.

Hier gab es nichts, das sehenswert gewesen wäre. Das wertvollste Stück war wahrscheinlich die handgearbeitete Häkeldecke auf dem Bett, die allerdings – wie er feststellte, als er sie sich näher ansah – von Motten zerfressen war. Er ging ins Wohnzimmer zurück. Der Tisch hatte eine Schublade, aber Jeremy glaubte nicht, daß dort das Familiensilber versteckt war. Und wahrscheinlich auch keine Geldpäckchen – wie hieß die Währung hier? *Colones*. Aber er konnte ja mal nachsehen. Er hatte recht gehabt, da war nichts. Nur zwei Papierservietten und eine U. S.-Zehn-Cent-Münze. Er schloß die Schublade, hob die Taschenlampe, und ihr Strahl fiel auf das einsame gerahmte Foto. Irgend etwas machte Jeremy stutzig, er richtete den Lichtstrahl direkt auf das Bild und sah es sich genauer an.

Er schrie leise auf als habe ihm jemand die Hand auf die Schulter gelegt. Das Foto zeigte einen verrunzelten alten Mann, eine untersetzte alte Frau und hinter ihnen stehend drei junge Männer, einer von ihnen spinnenartig dünn, sehr dunkel, mit scharfen Gesichtszügen. Jeremy starrte das Bild an, kniff die Augen zu, starrte wieder. Ich muß hier raus, dachte er, und das schnell. Vielleicht ist es schon zu spät. Vielleicht ist jetzt schon jemand im Haus, vielleicht war er die ganze Zeit hier, einer seiner Brüder ...

Er knipste die Taschenlampe aus. Horchte. Doch da waren nur Dunkel und Stille. Mit rasch klopfendem Herzen ging er in die Diele hinaus, der Schweiß stand ihm auf der Stirn. Wenn er die Haustür öffnete... Aber er wagte es nicht. Ein Fenster? Der Hinterausgang war vermutlich die schlechteste Idee. Hinter dem Haus war es finster, öde, leer. Obwohl die 11. Avenida völlig verlassen schien, war die Haustür noch immer die beste Möglichkeit. Er sollte eine Waffe haben. Einen Schürhaken? In diesem Land war es für ein Feuer nie kalt genug. Er tastete sich zur Küche vor, öffnete die Tür und schrie laut auf. Zu spät preßte er sich die Hand auf den Mund.

Etwas Langes, Dünnes stand in der Nische zwischen Spülbecken und Schrank. Er wußte nicht, wofür er es gehalten hatte, doch dann sah er im Licht der Taschenlampe, daß es ein Kübel mit einer fast zwei Meter hohen, völlig vertrockneten Zimmerpflanze war. Auf dem Abtropfbrett lag ein Stück Metallrohr mit einem Wasserhahn. Jeremy nahm es mit.

Seine Waffe fest in der Rechten, öffnete er mit der Linken die Haustür. Es war niemand da, er hörte kein Geräusch, sah weder einen reglosen noch einen sich bewegenden Schatten. Ein Wagen, bei dem nur das Standlicht brannte, fuhr langsam die 11. Avenida entlang und bog in eine Seitenstraße ein. Die zehn Minuten, die Jeremy brauchte, um aus der unmittelbaren Nachbarschaft des Hauses wegzukommen und ein Taxi zu finden, waren die schlimmsten, die er je erlebt hatte. Er wußte, daß einer von Manuels Brüdern in irgendeiner Toreinfahrt auf ihn lauerte oder ihm folgte, bis er ein stockdunkles, völlig abgeschiedenes Straßenstück erreicht hatte.

Das Haus, in dem er gewesen war, hatte früher ganz offensichtlich Manuels Eltern gehört und sollte jetzt wahrscheinlich verkauft werden. Natürlich hatte Manuel seine Mutter in eine bessere Gegend verpflanzt. Jeremy durchschaute jetzt genau, wie er hierhergelockt worden war, aber er erlaubte sich nicht, allzuviel über die Strategie von Zug und Gegenzug nachzudenken, bis schließlich ein Taxi kam und er sicher im Fond saß.

Warum hatte Manuel das getan? Weil Jeremy ihm dreihundertzwanzig Dollar gestohlen hatte, kein Zweifel. Auf jeden Fall war es schiefgegangen. Vielleicht war er später oder früher als sie erwartet hatten in das Haus in der 11. Avenida gegangen, oder einer der Brüder hatte das Datum verwechselt. Vielleicht war Manuels Rachedurst auch Genüge getan, wenn er sich vorstellte, wie enttäuscht Jeremy sein mußte, daß es in dem Haus nichts gab, das zu stehlen sich gelohnt hätte. Denn vielleicht führte Manuel ihn nur an der Nase herum, spielte ihm nur einen Streich.

Der Gedanke erleichterte Jeremy. Wenn Manuel nur die Absicht gehabt hatte, ihm eine Lektion zu verpassen – dann war er damit einverstanden. Er hatte die Lektion verstanden. Wenn er wieder einmal irgendwo einen Schlüssel herumliegen sah, würde er ihn liegen lassen. Aber seine Furcht nahm mit jeder Kurve ab, die ihn näher zum *Latinoamericana* brachte. Alles war gut, er war jetzt in Sicherheit, er war sogar imstande, die komische Seite der Sache zu sehen – was für eine Ironie: in ein Haus einzubrechen und als einzige Diebesbeute einen alten eisernen Wasserhahn mitzubringen.

Am Empfang bat er um seinen Schlüssel. Der Angestellte sagte, Jeremy habe ihn nicht abgegeben, also durchsuchte er seine Taschen, aber der Schlüssel war nicht da. Zuerst hatte er das dumpfe Gefühl, daß er den

Schlüssel gehabt und jemand ihn gestohlen hatte, und dann kam ihm die Idee, daß jemand während seiner Abwesenheit den Schlüssel aus seinem Fach genommen hatte. Das war nicht weiter schwierig, man brauchte nur an einem Ende des Empfangspults die Hand auszustrecken, während einem der Angestellte den Rücken kehrte oder sich um einen anderen Gast kümmerte.

Zum Glück gab es einen zweiten Schlüssel zu seinem Zimmer, und der zusammengeschrumpfte alte Page begleitete ihn hinauf. Die Tür war abgeschlossen. Der Page bückte sich und hob etwas vom Fußboden auf, etwas, das halb unter der Unterkante der Tür versteckt gewesen war.

«Hier ist der Schlüssel, Señor.»

Allmählich war Jeremy der Anblick von Schlüsseln verhaßt. Er schickte den Mann weg. War es möglich, daß ihm der Schlüssel hier heruntergefallen war? Als er das Zimmer betrat, sah er auf den ersten Blick, daß davon nicht die Rede sein konnte. Jemand hatte gewissermaßen das Oberste zuunterst gekehrt. Was ich geplant hatte, dachte er, haben sie jetzt mir angetan. Er setzte sich in den Korbsessel und betrachtete das Chaos. Das

Bettzeug lag in einem Haufen auf dem Boden, die Matratzen waren zurückgeschlagen worden und ebenfalls halb auf den Boden gezerrt, alle Schubladen des kombinierten Frisier-Schreibtischs herausgezogen worden. Sein einziges Gepäckstück war eine Reißverschlußtasche, aber sie hatten alles herausgenommen und den Inhalt, ein zweites Paar Jeans, Sweat-Shirt, Toilettebeutel, eine halbe Flasche zollfreien Kahlua, auf dem Boden verstreut.

Aber nichts war beschädigt oder kaputt. Nichts fehlte – oder doch?

Halb versteckt unter dem Sweat-Shirt lag ein leerer Umschlag. Jeremy las, was daraufstand und erinnerte sich. *Liebevolle Gedanken von Lupe*. Er hatte ihr gesagt, daß man das so nicht schrieb. Es mußte heißen: *In Liebe von* oder: *Mit den besten Wünschen von* … In dem Umschlag war eine Kassette mit lateinamerikanischen Liebesliedern gewesen, gräßliches Zeug. Er hatte sich nicht einmal die Mühe gemacht, sie aus der Reißverschlußtasche herauszunehmen, die er an dem Wochenende in der Hacienda Alameda bei sich gehabt hatte …

Und ganz offensichtlich hatte er sie nie herausgenommen. Er hatte die Tasche samt Kassette neu gepackt. Soweit er sich erinnerte, war sie in rotes Seidenpapier eingewickelt und der Umschlag, in dem sie steckte, versiegelt gewesen. Also, wenn sie nicht mehr gewollt hatten als die Kassette, sollte sie ihnen von Herzen vergönnt sein. Doch warum wollten sie sie haben? Jeremy zog die Matratze ins Bett zurück. Er fühlte sich schrecklich unbehaglich, seine Hände zitterten, und an seiner Stirn zuckte ein Muskel. Er hätte einen Drink gebraucht, doch die Bar schloß um zehn, und es war schon später. Er zog den Korken aus der Kahluaflasche und dachte dann: ... und wenn sie was reingetan haben?

War das ganze Unternehmen nur darauf hinausgelaufen, eine Kassette zurückzubekommen, die Lupe ihm geschenkt hatte? Nein, natürlich nicht. Die Sache hatte nichts damit zu tun, daß er die dreihundertzwanzig Dollar gestohlen hatte, das war ihm jetzt klar. Er hatte auch Lupe gestohlen, und allein darum ging es. Manuel hatte sich das Geld wahrscheinlich mit Absicht von ihm stehlen lassen, hatte ihm eine Falle gestellt. Es war einfach nicht normal, daß ein Mann, egal wie reich er sein mochte, so sorglos mit Bargeld umging oder so gleichgültig blieb, wenn er es verlor ...

Jeremy war jetzt viel zu verschreckt, um den Kahlua nicht zu trinken. Hinterher konnte er wenigstens ein bißchen schlafen. Vorher zog er allerdings noch den schweren Schreibtisch quer vor die Tür. Er wurde wach, weil er glaubte, im Zimmer ein Geräusch gehört zu haben, und sprang mit einem Schrei auf. Aber das Geräusch kam aus dem Flur, seine Zimmernachbarn waren so lange unterwegs gewesen. Ein Kahlua-Kater begann seinen Kopf zu peinigen. Er hatte kein Aspirin und wagte sich nicht aus dem Zimmer, um den Nachtportier um eins zu bitten.

Dem Himmel Dank, daß er heute nach Miami zurückflog. Er verließ das Hotel nicht mehr. Obwohl es teuer war, frühstückte er im Speisesaal, saß dann den ganzen Vormittag auf dem Ledersofa in der Halle gegenüber der Rezeption und las eines der wenigen im *Latinoamericana* vorhandenen Bücher in englischer Sprache, ein Taschenbuch von James M. Cain. Es passierte nichts Außergewöhnliches. Trotzdem zuckte er zusammen, als ihm jemand seinen Namen ins Ohr rief. Es war nur Carmen, die Reiseführerin.

«Der Bus zum internationalen Flughafen geht um dreizehn Uhr. Schönen Tag noch!»

Konnte er überhaupt wieder bei Manuel arbeiten? Vielleicht würde Manuel kein Wort sagen, Vergangenes vergangen lassen, wie er es immer ausdrückte. Ich werde zumindest so lange bei ihm arbeiten, bis ich das Fahrgeld nach Kalifornien zusammenhabe, dachte Jeremy ... Bis zur Abfahrt des Busses waren es noch drei Stunden. Er hatte *Wenn der Postmann zweimal klingelt* ... schon ausgelesen und mußte sich jetzt mit Reiseprospekten begnügen. Auf den Lunch verzichtete er. Er wäre nur eine Geldausgabe mehr gewesen.

Niemand stampfte mit den Füßen oder klatschte in die Hände, als die Maschine zum Landeanflug auf Miami ansetzte. Aber Jeremy wurde es leichter ums Herz. Erstens würde ihm die Einwanderungsbehörde seine Aufenthaltserlaubnis in den Vereinigten Staaten bestimmt um sechs Monate verlängern. Seine letzte Aufenthaltsgenehmigung war längst abgelaufen, doch er hatte sie aus dem Paß herausgerissen und würde behaupten, sie sei herausgefallen und verlorengegangen. Diesen Trick hatte er schon einmal erfolgreich angewendet, als er über die mexikanische Grenze gekommen war. Sich, wenn auch nur für kurze Zeit, wie ein «Legaler» zu fühlen, gab einem innere Sicherheit.

Er kam zur Zollkontrolle. Junge Leute, die nach einem kurzen Aufenthalt aus Zentral- oder Südamerika zurückkammen, wurden gewöhnlich gründlich durchsucht. Das hatte ihm Josh erzählt. Er war daher völlig unbesorgt, als der Zollbeamte alles aus der Reisetasche holte, und nicht besonders überrascht, daß man seinen Toilettebeutel peinlich genau kontrollierte.

In der Bodennaht klaffte ein Riß. Der Zollbeamte steckte die Finger in die Öffnung, dann die ganze Hand und zog zwischen Obermaterial und Futter ein in rotes Seidenpapier gewickeltes Päckchen heraus. Das rote Seidenpapier, in das, als er es zuletzt gesehen hatte, Lupes Kassette eingepackt gewesen war, wurde vorsichtig auseinandergezogen, und dann sah man, was es enthielt: ein feines, weißes, kristallisches Pulver.

Jeremy hatte es noch nie gesehen, doch er wußte, was es war. Flüchtig dachte er an den neuen Wagen, der jedes Jahr mit schöner Regelmäßigkeit kam, an die Hacienda Alameda, und dann dachte er an sich selbst. Er brauchte sich jetzt keine Sorgen mehr zu machen, daß man ihm die Aufenthaltsbewilligung für die Vereinigten Staaten nicht verlängerte. Er würde sehr lange bleiben.

50 JAHRE ROWOHLT ROTATIONS ROMANE

50 Taschenbücher im Jubiläumsformat
Einmalige Ausgabe

Paul Auster, *Szenen aus «Smoke»*
Simone de Beauvoir, *Aus Gesprächen mit Jean-Paul Sartre*
Wolfgang Borchert, *Liebe blaue graue Nacht*
Richard Brautigan, *Wir lernen uns kennen*
Harold Brodkey, *Der verschwenderische Träumer*
Albert Camus, *Licht und Schatten*
Truman Capote, *Landkarten in Prosa*
John Cheever, *O Jugend, o Schönheit*
Roald Dahl, *Der Weltmeister*
Karlheinz Deschner, *Bissige Aphorismen*
Colin Dexter, *Phantasie und Wirklichkeit*
Joan Didion, *Wo die Küsse niemals enden*
Hannah Green, *Kinder der Freude*
Václav Havel, *Von welcher Zukunft ich träume*
Stephen Hawking, *Ist alles vorherbestimmt?*
Elke Heidenreich, *Dein Max*
Ernest Hemingway, *Indianerlager*
James Herriot, *Sieben Katzengeschichten*
Rolf Hochhuth, *Resignation oder Die Geschichte einer Ehe*
Klugmann/Mathews, *Kleinkrieg*
D. H. Lawrence, *Die blauen Mokassins*
Kathy Lette, *Der Desperado-Komplex*
Klaus Mann, *Der Vater lacht*
Dacia Maraini, *Ehetagebuch*
Armistead Maupin, *So fing alles an ...*
Henry Miller, *Der Engel ist mein Wasserzeichen*

50 JAHRE ROWOHLT ROTATIONS ROMANE

Nancy Mitford, *Böse Gedanken einer englischen Lady*

Toni Morrison, *Vom Schatten schwärmen*

Milena Moser, *Mörderische Erzählungen*

Herta Müller, *Drückender Tango*

Robert Musil, *Die Amsel*

Vladimir Nabokov, *Eine russische Schönheit*

Dorothy Parker, *Dämmerung vor dem Feuerwerk*

Rosamunde Pilcher, *Liebe im Spiel*

Gero von Randow, *Der hundertste Affe*

Ruth Rendell, *Wölfchen*

Philip Roth, *Grün hinter den Ohren*

Peter Rühmkorf, *Gedichte*

Oliver Sacks, *Der letzte Hippie*

Jean-Paul Sartre, *Intimität*

Dorothy L. Sayers, *Eine trinkfeste Frage*
des guten Geschmacks

Isaac B. Singer, *Die kleinen Schuhmacher*

Maj Sjöwall/Per Wahlöö, *Lang, lang ist's her*

Tilman Spengler, *Chinesische Reisebilder*

James Thurber, *Über das Familienleben der Hunde*

Kurt Tucholsky, *So verschieden ist es*
im menschlichen Leben

John Updike, *Dein Liebhaber hat eben angerufen*

Alice Walker, *Blicke vom Tigerrücken*

Janwillem van de Wetering, *Leider war es Mord*

P. G. Wodehouse, *Geschichten von Jeeves und Wooster*

Programmänderungen vorbehalten